Mein besonderer Dank gebührt meiner Frau Sushila,
die meine Gedanken und Rezepte zu Papier brachte,
und meinen Mitarbeitern in beiden Restaurants,
die maßgeblich zum Gelingen der Fotos beitrugen.

Ravinder Issar

Festliche Indische Küche

Hädecke Verlag

Abkürzungen:

TL	– Teelöffel	g	– Gramm
EL	– Eßlöffel	ml	– Milliliter
Msp.	– Messerspitze	l	– Liter

ISBN 3-7750-0288-X
© Walter Hädecke Verlag, 71263 Weil der Stadt 1996.

Titelentwurf: Monika Graff, nach einem Foto von Fotostudio Feiler, Karlsruhe.
Food-Fotografie: Fotostudio Feiler, Karlsruhe.
Satz: Fotosatz Schradi GmbH, 75233 Tiefenbronn-Lehningen.
Redaktion: Monika Graff
Druck: Neue Stalling, Oldenburg
Printed in Germany, 1996

INHALT

Ravinder Issar, geboren in Neu Delhi (Indien), studierte dort von 1976 bis 1979 und anschließend von 1982 bis 1984 in Heidelberg Volkswirtschaft und schloß sein Studium als Hotel-Betriebswirt ab. Während eines einjährigen England-Aufenthalts lernte er seine Frau Sushila kennen. Das Ehepaar kam 1987 nach Deutschland, mit dem Ziel, sich in der Gastronomie selbständig zu machen. Inzwischen betreiben sie mit Erfolg zwei Restaurants (in Stuttgart-Weilimdorf und in Esslingen) und ein Hotel. Das Ehepaar lebt mit seinen drei Töchtern in Stuttgart-Weilimdorf.

Vorwort

Indien! Ein reiches Land – voll Kultur, Tradition, Rohstoffen, grandiosen Landschaften und traditionsreicher Kochkunst. Es hat eine der ältesten Kulturen, siebzehn offizielle Sprachen und mehrere Religionen, die die Menschen überall auf der Welt faszinieren.

Die Indische Küche ist weltweit berühmt.- Besonders die Mogulküche, die noch heute in Nordindien vorherrscht, ist bekannt für ihre köstlichen Fleischgerichte, die mit Sahne, Joghurt und Nüssen zubereitet, auf Silbertabletts präsentiert und mit Silberflitter dekoriert werden. Diese festlichen Gerichte werden in Indien vor allem für Hochzeits- oder Geburtstagsfeiern zubereitet.

Fleisch zu essen war in der altindischen Kultur praktisch unbekannt. Es wurde von den Mogulherrschern im 16. Jahrhundert von Persien aus auf den indischen Subkontinent gebracht und von den britischen Kolonialherren weitergepflegt; Moslems essen kein Schweinefleisch und die Hindus, der größere Bevölkerungsanteil, kein Rindfleisch.

Als Restaurantinhaber werden wir immer wieder gebeten, ein Kochbuch zu schreiben, das Rezepte aus unserer Speisekarte enthält. Was man zu Hause kocht und was man im Restaurant ißt, ist meist nicht dasselbe, weil im Restaurant eher Mogulküche angeboten wird und jeder Koch sein eigenes Geheimnis zur Soßenzubereitung hat.

Obwohl die Mogulküche sehr arbeitsintensiv und kompliziert ist, sind die Rezepte so geschrieben, daß sie jeder nachkochen kann. Diese Rezepte bieten jedoch nur eine kleine Kostprobe aus der unermeßlichen Vielfalt der indischen Kochkunst.

Alle Gerichte können mit Reis oder *Roti* serviert werden. In Südindien wird allgemein mehr Reis gegessen und im Norden eher Brot. Ein Essen kann gut gewürzt, aber wenig scharf sein. Nur Peperoni machen das Essen scharf. Viele Gewürze der indischen Küche, die die Natur uns gegeben hat, werden auch als Medikamente verwendet. Wer einmal den Geschmack an indischen Gewürzen entwickelt hat, kann nur schwer davon wieder abkommen.

Zum indischen Essen können Sie praktisch alles trinken! In Indien wird hauptsächlich Wasser getrunken. Aber im Sommer kann man auch Joghurtgetränke *(Lassi)* dazu reichen. Die sind gut gegen den Durst und wirken erfrischend. Für den Weintrinker empfehlen wir einen trockenen, gut gekühlten Rosé. Bier paßt am besten zu Grillgerichten oder Vorspeisen (Snacks).

Mit den Rezepten dieses Buches möchten wir Ihnen die festlichen indischen Gerichte auf Ihren Tisch bringen. Wir wünschen Ihnen guten Appetit und viel Spaß beim Kochen.

Ravinder und Sushila Issar

KÜCHENGERÄTE

Für die indische Küche werden keine teuren Küchengeräte benötigt. Die Kreativität und das Können eines guten Kochs hängen nicht von speziellen Kochutensilien ab. Wenn Sie in Ihrer Küche Bratpfannen, Kochtöpfe, Messer, Schüsseln, Reibeisen, Metallsieb, Küchenbretter, Schneebesen, Waage, Meßlöffel und Baumwolltücher haben, dann haben Sie alles, was Sie brauchen, um original indische Gerichte zu kochen.

Aber natürlich! In einer modernen indischen Küche finden Sie Schnellkochtöpfe, Küchenmaschinen etc., die die Arbeits- und Kochzeit verkürzen. Die meisten Geräte, die in der indischen Küche gebraucht werden, werden auch in der westlichen Küche benutzt.

Achten Sie darauf, daß die Töpfe mit gut abschließbarem Deckel ausgestattet sind. Mit aufgelegtem Deckel werden die Speisen schneller gar, und Sie sparen Energie.

Mit dem Mahlstein, der in der indischen Küche täglich benutzt wird, werden nicht nur Gewürze gemahlen, sondern auch Kräuter und das Gemüse auf diese Weise püriert. Doch hier arbeitet der elektrische Mixer der westlichen Küche vielfach schneller, und man braucht nicht soviel Muskelkraft!

Zwei spezielle Küchengeräte möchte ich dennoch hier vorstellen:

KARHAI – eine runde, tiefe Pfanne mit Henkeln an beiden Seiten. Weil das Oberteil weit und der Boden gewölbt ist, braucht man weniger Öl zum Fritieren. Der chinesische *Wok* hat die gleiche Form und Funktion wie der *Karhai*.

TAVA – eine kreisrunde, leicht gewölbte Pfanne, die manchmal mit einem langen Holzgriff versehen ist. Sie ist das ideale Küchengerät für *Rotis*, *Parathas* (Fladenbrot) usw. Damit können auch Gewürze angeröstet werden. Eine schwere Bratpfanne mit gleichmäßiger Hitzeverteilung kann die *Tava* gut ersetzen.

GEWÜRZE UND KRÄUTER

Das Herz der indischen Küche ist das Würzen. Gewürze werden entweder ganz, zerstoßen oder gemahlen verwendet. Kräuter sind frische Blätter oder andere Pflanzenteile wie zum Beispiel Wurzeln oder Kapseln. Als Gewürz dienen auch natürliche Würzmittel wie Salz, Zitronensaft und Nüsse.

Gewürze und Kräuter, die in der indischen Küche benutzt werden, machen das Essen nicht nur geschmackvoller, sondern auch besser verdaulich. Viele Gewürze haben außerdem Heilkräfte.

Das Geheimnis des Würzens liegt in der *Masala* (Gewürzmischung). Der Koch, der sich auf die Kunst versteht, Gewürze und Kräuter zusammenzustellen, kann das Essen in einer unbegrenzten Vielfalt von Gerichten variieren. Selbst die Kartoffeln werden, mit der richtigen Masala zubereitet, eine große Geschmacksfülle entfalten (siehe Seite 44).

Vor dem Gebrauch sollten ungemahlene Gewürze, besonders wenn Sie sie in großen Mengen gekauft haben, nach Stengeln und Steinchen durchsucht werden.

Bewahren Sie alle Ihre Gewürze in geschlossenen, möglichst dunklen Gläsern an einem kühlen, trockenen Ort auf.

Fertig gemahlene Gewürze verlieren ihr Aroma schnell. Es ist deshalb ratsam, ungemahlene Gewürze zu kaufen und diese bei Bedarf selbst zu mahlen. Eine elektrische Kaffeemühle ist für diesen Zweck gut geeignet (diese dann aber nur für Gewürze verwenden). Das Aroma und der Geschmack frischgemahlener Gewürze sind intensiver und frischer.

Es ist besser, frische Gewürzmischungen selbst zuzubereiten. Gebrauchsfertige Gewürzmischungen verleihen Ihrem Gericht einen eintönigen Geschmack.

Bevor Sie mit dem Kochen beginnen, sollten Sie das Rezept durchlesen. Stellen Sie alle Zutaten, auch die Gewürze, die sie brauchen, in die Nähe des Herdes. Bei der Zubereitung haben Sie keine Zeit, sich mit der Suche nach einem Gewürz aufzuhalten. Obwohl getrocknete Kräuter pikanter sind als frische, sollten Sie möglichst frische Kräuter verwenden.

AJWAIN *(Lovage seed):* Die Gewürzpflanze ist mit dem Kümmel verwandt. Ajwain (oder Ajowan) wird als Samen in Brotrezepten, als zerstoßenes Gewürz zum Beispiel in Hülsenfruchtgerichten und in Snacks verwendet. Es riecht intensiv nach Thymian und wird auch zu Heilzwecken genommen. Die Bezeichnung „Lovage seed" hat sich zwar eingebürgert, ist aber nicht korrekt, da es sich nicht um Liebstöckelsamen handelt.

BOCKSHORNKLEE *(kasoori methi)*: Kasoori methi ist mit dem Bockshornklee verwandt (engl. fenugreek). Bei beiden Arten werden die frischen Blätter als Gemüse gekocht. Die getrockneten Blätter (ca. 1 Jahr haltbar) und die Samen (ca. 2 Jahre haltbar) werden in Curries und scharfen Zubereitungen verwendet. Das Gewürz riecht sehr intensiv („Bocksgeruch"). Durch Rösten/Toasten verwandelt sich der Geruch in ein angenehmes Aroma.

CHAT MASALA: eine Mischung aus gemahlenen Gewürzen, wird vorzugsweise in Salaten und Chutneys verwendet.
Rezept: 2 EL Mangopulver, 1/4 TL Chilipulver, 1/4 TL schwarzes Salz *(kala namak)*, 1/2 TL Garam Masala miteinander vermischen. In einem Glasgefäß aufbewahren.

CHILI (ganz und gemahlen – *lal mirch sabut und pesa*) stammen ursprünglich aus Südamerika und wurden von den Seefahrern nach Indien gebracht. Das Pulver wird aus getrockneten roten Chilis hergestellt und verleiht dem indischen Essen seine Schärfe. Chilipulver verwenden Sie je nach Geschmack.

GARAM MASALA: eine Mischung aus gemahlenen Gewürzen; wird erst am Ende des Kochens zugefügt, manchmal auch erst kurz vor dem Servieren (siehe Rezepte).
Rezept: 5 EL Korianderkörner, 2 EL Kreuzkümmel, 1 TL Pfefferkörner, 2 schwarze Kardamomkapseln, 4 grüne Kardamomkapseln, 5 Nelken, eine 5 cm lange Zimtstange, eine kleine Muskatblüte. In einer schweren Pfanne alle Gewürze nacheinander ohne Fett anrösten. Die gerösteten, abgekühlten Gewürze in eine Kaffeemühle geben und zu einem feinen Pulver mahlen. Schließlich 1/4 TL feingeriebene Muskatnuß und 1/4 TL getrocknetes Ingwerpulver daruntermengen. In einem dunklen Glasgefäß mit dicht abschließendem Deckel aufbewahren.

INGWER: Suchen Sie frische Ingwerwurzeln *(adrak)* aus, die rund sind, festes Fleisch haben und wenig fasern. Ingwerpulver kann frischen Ingwer nicht ersetzen, da sein Aroma schwächer ist. Getrockneter Ingwer *(sondt)* ist schärfer als frischer Ingwer.

KARDAMOM *(elaichi)*: Die grünen Samenkapseln werden zum Würzen von Süßspeisen verwendet. Weiße Kardamomkapseln sind nichts anderes als gebleichte grüne Kapseln. Wenn Sie die ganzen Kapseln mitgekocht haben, dann nehmen Sie sie vor dem Servieren heraus, oder schieben Sie sie an den Tellerrand. Schwarzer Kardamom ist schärfer und wird zu Hauptgerichten und Garam Masala verwendet.

KORIANDERKÖRNER stellen eines der wichtigsten Gewürze der indischen Küche dar. Um das Aroma zu erhalten, kaufen Sie ganze Körner und mahlen kleine Mengen davon in einer elektrischen Kaffeemühle.

KORIANDER *(dhania)*: Die frischen Blätter werden so häufig verwendet wie Petersilie – nicht nur zum Garnieren, sondern auch als Würzmittel. Es ist immer gut, nach frischem Koriander Ausschau zu halten. Sein feiner Geschmack ist einmalig. Frischer Koriander wird im Bund verkauft. Verwenden Sie die Blätter und die oberen Stengel. Sie können Koriander auch selbst anpflanzen. Verstreuen Sie Korianderkörner in Ihr Gartenbeet, bedecken Sie es mit einer dünnen Schicht Erde, und bewässern Sie das Beet täglich. Die Keimdauer beträgt ca. drei Wochen, und die Triebe wachsen sehr schnell. Pflücken Sie die Triebe, wenn sie ca. 15 cm hoch sind.

KREUZKÜMMEL, ganz und gemahlen *(jeera, sabut und pesa)*: eine unbedingt notwendige Zutat für Curries, Reisgerichte und Dals. Gemahlener Kümmel ist auch in Feinkostläden erhältlich, aber es ist besser, ihn nach Bedarf selbst zu mahlen. Wenn das Rezept geröstetes Kümmelpulver benötigt, können Sie es in einer Pfanne ohne Fett etwa eine Minute anrösten und dann mahlen.

KURKUMAPULVER *(haldi)*: wird nur im getrockneten und gemahlenen Zustand und in kleinen Mengen verwendet. Oft dient es nur zum Färben der Speisen.

LORBEERBLÄTTER *(tajpatta)*: Blätter sparsam verwenden.

MANGOPULVER *(amchoor)*: Die frischen Früchte werden in Streifen geschnitten, getrocknet, gemahlen und als säuerliches Gewürz verwendet. Mangopulver wird in der nordindischen Küche so großzügig benutzt wie in der westlichen Küche die Zitrone.

MINZEBLÄTTER *(pudina ka patta)*: werden vorzugsweise zum Garnieren benutzt oder zu Minzchutney verarbeitet.

MUSKAT *(jaiphal)*: Kaufen Sie ganze Nüsse, die rund und schwer sind. Geriebene Muskatnuß wird in kleinen Mengen verwendet. Am besten reiben Sie die Muskatnuß direkt in das Gericht. Bewahren Sie die ganze oder geriebene Muskatnuß in einem fest verschlossenen Behälter auf. Muskatblüte (Macis) = der getrocknete Samenmantel der Muskatnuß.

NELKEN *(laung)*: Geröstete und gemahlene Nelken sind ein Bestandteil von Garam Masala. Kaufen Sie nur dicke, runde Nelken.

PFEFFER *(kali mirch)*: ganz oder frisch gemahlen verwenden.

PEPERONI *(mirchi)*: Diese roten oder grünen Schoten mit weißen Samen verleihen einer Speise die Schärfe.

ROSENWASSER *(gulab-jal)*: wird für Süßigkeiten und Reisgerichte verwendet.

SAFRAN *(kesar)*: Safran ist als „König der Gewürze" bekannt. Jede Krokusblüte hat nur drei Safranfäden. Safran ist teuer. Er hat ein feines Aroma und verleiht allen Speisen eine tiefgelbe Farbe. Er wird in Süßigkeiten, Reisgerichten und Getränken verwendet. Safran gibt es auch als Pulver.

SCHWARZES SALZ *(kala namak)*: Das ist ein braunes bis schwarzes Salz mit einem leichten Rauchgeschmack. Aus Salzbrocken, wie sie in der Natur vorkommen, gewonnen, nur gemahlen.

SENFKÖRNER *(rai)*: Schwarze Senfkörner sind dunkelrot-braune, runde Körner.

ZIMT *(dalchini)*: Werden ganze Zimtstangen verwendet, dann nimmt man die Stangen vor dem Servieren heraus. Zimt ist in dicken Stücken oder als Pulver erhältlich.

BEILAGEN

Papads: gewürztes Linsenfladenbrot, das es in jedem indischen Laden zu kaufen gibt. Sie können die Papads entweder unter dem Grill anrösten oder in Öl fritieren. Die Papads werden zu allen Gerichten als Beilage geknabbert.

*Pickles** : es gibt viele verschiedene Zubereitungen, die als Fertigprodukte in indischen Läden zu kaufen sind. Pickles werden als pikante Beilage zu allen Currygerichten gereicht.

*Mango Chutney** : kann fertig zubereitet in indischen Lebensmittelgeschäften gekauft werden.

HINWEISE

Wird in den Rezepten Sahne angegeben, so heißt das flüssige Schlagsahne; für Speisen und Getränke ist Joghurt mit wenig Fettgehalt (3,7 %) geeignet.

VORSPEISEN, APPETIZER, SNACKS

Normalerweise gibt es in der indischen Alltagsküche keine verschiedenen Menügänge. Kleine Häppchen / Snacks jedoch kann man als Vorspeise nehmen. Zum Beispiel: Pakoras werden frisch zubereitet, in Chutney eingetaucht und aus der Hand gleich gegessen.

---

* Pickles- und Mango-Chutney-Rezepte zum Selbermachen: Indisch kochen vegetarisch von Sushila Issar und Mrinal Kopecky, erschienen im Walter Hädecke Verlag.

11

MENÜ-EMPFEHLUNGEN

Unser indischer Speiseplan empfiehlt ein ausreichendes Frühstück, ein kräftiges Mittagessen und ein leichtes Abendessen, und natürlich fehlt auch ein Menüvorschlag für ein Festmahl nicht. Mit folgenden Rezepten ist es möglich, den kleinen Hunger zu stillen!

MENÜ 1

Murgh ka Pakora, Seite 19
Kachumbar, Seite 59

MENÜ 3

Aloo ka Paratha, Seite 57
Gajar Raita, Seite 62, oder
Joghurt, Seite 61

MENÜ 2

Maachi ka Pakora, Seite 15
Mulli ki Salad, Seite 61

MENÜ 4

Sabzi Pakora, Seite 19
Aloo Pyaz, Seite 59
Bhatura, Seite 56

Das typische Mittagessen besteht aus einem Gemüsegericht, Dal (Hülsenfrüchte), Rotis (Brot), Reis, Chutney oder/und Pickles, Papad (dünnes Fladenbrot aus gewürztem Teig) und Joghurt pur oder Raita (Joghurt mit Gemüse).
Und als „Schleckerei" gibt es einen süßen Nachtisch.

MENÜ 1

Murgh Curry, Seite 24
Sabzi Jalfrazy, Seite 41
Aloo Raita, Seite 61
Puri, Seite 58
Bhatura, Seite 56
Lassi, Seite 67

MENÜ 2

Goscht Korma, Seite 28
Mung Dhuli Dal, Seite 47
Sambhara, Seite 62
Mattar Pulao, Seite 52
Pickles, Seite 11
Nimbu ka Pani, Seite 67

MENÜ 3

Baigan ka Pakora, Seite 15
Maachi Masala, Seite 37
Maha ki Dal, Seite 47
Mulli ki Salad, Seite 61
Maccki ki Roti, Seite 58
Khir, Seite 66

MENÜ 4

Samosa, Seite 16
Murgh Madras, Seite 23
Paneer Bhujla, Seite 44
Mithe Chawal, Seite 53
Puri, Seite 58
Lassi, Seite 67

FESTMENÜS

Als Vorspeise ein Snack mit Chutney, danach ein Fleisch- und / oder Hühnchengericht, ein Gemüsegericht, Dal (Hülsenfrüchte), Pulao (Reisgerichte), Puris und / oder Parathas (Brot), Raita (Gemüse mit Joghurt), Pickles und ein Getränk sowie ein oder zwei Süßspeisen.
Ein üppiges Festmahl gibt die Gelegenheit, eine Vielzahl von Speisen in Ruhe zu genießen.

MENÜ 1

Puri, Seite 58
Samosa, Seite 16
Pudina Chutney, Seite 62
******
Murgh Korma, Seite 24
King Prawn Masala, Seite 34
Muung Dhuli Dal, Seite 47
Aloo Kali Mirch, Seite 44
Sabzi Biriyani, Seite 51
Gajar Raita, Seite 62
Khasta Roti, Seite 56
Pickles, Seite 11
******
Mango Lassi, Seite 67
Khir, Seite 66
Chandan Pak, Seite 64

MENÜ 2

Sabzi Pakora, Seite 19
Baigan ka Pakora, Seite 15
Mango Chutney, Seite 11
******
Karhai Murgh Masala, Seite 20
Liptwa Goscht, Seite 30
Sabzi Navaratan, Seite 43
Shahi Paneer, Seite 40
Sada Pulao, Seite 50
Bhatura, Seite 56
Khasta Roti, Seite 56
Kachumbar, Seite 59
******
Mithi Lassi, Seite 67
******
Besan ki Burfi, Seite 63
Dher na Laddu, Seite 64

Vorspeisen, Appetizer, Snacks

Baigan ka Pakora

Auberginen-Fritters

Zutaten für 4–6 Personen

400 g Auberginen

250 g Kichererbsenmehl, gesiebt

1 TL Salz

1/2 TL Kreuzkümmelpulver

1 grüne Peperoni, fein gehackt

1/2 TL Ajwain

ca. 350 ml Wasser

Sonnenblumenöl oder anderes Pflanzenöl zum Fritieren

1. Auberginen waschen und in ca. 1/2 cm dicke Scheiben schneiden.
2. In eine Schüssel Kichererbsenmehl, Salz, Kreuzkümmelpulver, Peperoni und Ajwain geben, mischen, Wasser dazugießen und die Masse mit einem Holzlöffel verrühren, bis ein glatter, dickflüssiger Teig entsteht.
3. Öl in einem *Karhai* erhitzen. Das Öl ist heiß genug, wenn ein Teigtropfen sofort zischend an die Oberfläche steigt. Die Hitze auf mittlere Stufe herunterschalten.
4. Auberginenscheiben in den Teig tauchen, mit einer Gabel herausnehmen und in das heiße Öl gleiten lassen. Die Pakoras 3 – 4 Minuten von beiden Seiten fritieren, bis sie goldbraun sind. Pakoras herausnehmen und auf Küchenpapier entfetten. Heiß mit Chutney servieren.

Tip: Sie können dieses Gericht auch mit anderen Gemüsesorten zubereiten, z. B. mit Kartoffeln, Zucchini oder Blumenkohl.

Maachi ka Pakora

Fisch-Fritters

Zutaten für 4 Personen

500 g frisches Fischfilet (Kabeljau)

1/2 TL Kurkumapulver

3/4 TL Salz

1 EL Zitronensaft

100 g Kichererbsenmehl, gesiebt

1/2 TL Chilipulver

1/2 TL Ajwain

2 Knoblauchzehen, geschält

1 Ei

Sonnenblumenöl oder anderes Pflanzenöl zum Fritieren

1/2 TL Chat Masala

Zitronenscheiben zum Garnieren

1. Fischfilets mit kaltem Wasser abspülen, trockentupfen und in etwa 4 × 4 cm große Stücke schneiden. Auf einen Teller legen, mit Salz und Kurkumapulver bestreuen und mit Zitronensaft beträufeln. Ca. 10 Minuten ziehen lassen.
2. Kichererbsenmehl, Chilipulver und Ajwain in einer Schüssel mischen. Knoblauch durch die Presse dazudrücken, Ei hinzufügen und alles mit einem Schneebesen schlagen, bis ein glatter Teig entsteht.
3. Öl in einem Karhai erhitzen. Fischfiletstücke in den Teig tauchen und dann mit einer Gabel herausheben, in das heiße Öl legen. Beide Seiten ca. 4 – 5 Minuten fritieren, bis der Fisch gar ist; auf Küchenpapier entfetten. Chat Masala darüberstreuen und mit Zitronenscheiben garnieren. Mit Rettichsalat servieren (Seite 61).

◄ *Samosa, Rezept Seite 16*

SAMOSA

Gefüllte Dreieck-Pasteten

Zutaten für 4–6 Personen

Für den Teig

450 g Weizenmehl

40 g zerlassene Butter

1 TL Salz

1/2 TL Ajwain

ca. 120–130 ml kaltes Wasser

Für die Füllung

4–5 mittelgroße festkochende Kartoffeln

200 g tiefgefrorene Erbsen

2 EL Sonnenblumenöl

1/2 TL Kreuzkümmelsamen

1/4 TL Chilipulver

1 TL Salz

1/2 TL Korianderpulver

Pflanzenöl zum Fritieren

1. Das Mehl zusammen mit Butter, Salz und Ajwain in eine Schüssel geben, mit den Fingerspitzen verreiben. Langsam das Wasser daruntermischen und zu einem Teig verarbeiten. Den Teig kräftig kneten, bis er geschmeidig ist. Mit einem feuchten Tuch zudecken und ruhen lassen.

2. Die Kartoffeln schälen und in kleine Würfel schneiden.

3. In einer Bratpfanne auf mittlerer Flamme Sonnenblumenöl erhitzen, Kreuzkümmelsamen zugeben und kurz anrösten.

4. Die gewürfelten Kartoffeln und Erbsen zufügen und für ca. 4 Minuten unter Rühren braten. Chilipulver, Salz und Korianderpulver dazugeben, auf kleinster Stufe zugedeckt etwa 15 Minuten dünsten lassen, bis das Gemüse weich ist (gut aufpassen, daß es nicht anbrennt). Den Pfanneninhalt auf einen Teller geben und abkühlen lassen.

5. Den Teig in 8 Bällchen teilen. Jedes der Bällchen auf einem Holzbrett zu einem Kreis (ca. 18–20 cm) ausrollen. Den Kreis in der Mitte durchschneiden (halbieren) und

an der geraden Schnittkante einen schmalen Streifen von der Mitte bis zu einem Ende befeuchten. Die beiden Enden der geraden Seite aufeinanderklappen und so die Halbkreise zu einer Tüte formen, die Seite zudrücken, so daß die Kante gut verschlossen ist (vgl. die folgende Bildserie).

6. Die Tüten mit dem Gemüse zu zwei Drittel (ca. 2 TL) füllen, die Ränder mit angefeuchteten Fingern verschließen. Alle Samosas auf diese Art zubereiten.

7. Das Öl in einem Karhai auf mittlerer Stufe erhitzen. Portionsweise Samosas in heißes Öl legen, fritieren, bis beide Seiten goldbraun sind. Herausnehmen und auf Küchenpapier abtropfen lassen. Heiß mit Chutney servieren.

1. Den Teig ausrollen.

2. Mit einem Messer auseinanderschneiden.

3. Mit kaltem Wasser befeuchten.

4. Die Teigränder zusammendrücken.

5. Die Tüten verschließen und gut andrücken.

6. In Tütenform rollen.

7. Gemüse einfüllen.

8. Fritieren. Das fertige Samosa.

Sabzi Pakora

Gemischte Gemüsebällchen

Zutaten für 4 – 6 Personen

50 g frischer Blattspinat,
gewaschen, fein gehackt

1 kleine Zwiebel, geschält und fein gehackt

1 mittelgroße Kartoffel,
geschält und fein gehackt

1 grüne Peperoni, fein gehackt

200 g Kichererbsenmehl, gesiebt

1/2 TL Salz

1/2 TL Ajwain

1 Prise Natron

Sonnenblumenöl oder Pflanzenöl
zum Fritieren

1. Alle Zutaten in eine tiefe Schüssel geben, mit einem Löffel durchmischen, bis ein glatter Teig entsteht.
2. Ca. 1 Liter Öl in einem *Karhai* erhitzen. Das Öl ist heiß genug, wenn ein Teigtropfen sofort zischend an die Oberfläche steigt.
3. Je 1 Teelöffel Teig in das Öl geben und bei mittlerer Hitze etwa 3 – 4 Minuten darin fritieren, bis das Bällchen rundum goldbraun ist. Mit dem Schaumlöffel aus dem Öl heben und auf Küchenpapier abtropfen lassen. Heiß mit Mango-Chutney servieren.

◀ *Auf dem Teller liegen (links beginnend): Murgh ka Pakora, Maachi ka Pakora, Sabzi Pakora und Baigan Pakora. Davor stehen zum Dippen: Pudine Chutney (S. 62), fertig gekauftes Chutney und Pickles.*

Murgh ka Pakora

Hühnchen-Fritters

Zutaten für 4 – 6 Personen

400 g Hühnchenbrustfilet

1/2 TL Chilipulver

1/2 TL frischer Ingwer,
geputzt und fein gerieben

1 Knoblauchzehe,
geschält und durchgepreßt

1/2 TL Ajwain

3/4 TL Salz

1 Prise Natron

150 g Kichererbsenmehl, gesiebt

4 EL Wasser

Sonnenblumenöl oder anderes Pflanzenöl
zum Fritieren

1 EL Zitronensaft

1/2 TL Chat Masala

1. Hühnchenbrustfilet waschen, trockentupfen, in rechteckige Stücke schneiden (ca. 3 cm × 2 cm groß) und in eine Schüssel geben. Chilipulver, Ingwer, Knoblauch, Ajwain und Salz dazugeben und die Filetstücke gründlich mit den Gewürzen einreiben.
2. Natron, Kichererbsenmehl und Wasser zugeben und alles durchmischen, bis ein glatter Teig entsteht.
3. Das Öl in einem *Karhai* erhitzen. Jedes Hühnchenstück in den Teig tauchen und dann mit einer Gabel herausheben, in das heiße Öl geben und bei mittlerer Hitze etwa 5 Minuten darin fritieren, dann die Hitze reduzieren und 7 – 8 Minuten weiter fritieren, bis das Hühnchen gut durchgegart ist. Das fritierte Hühnchenstück mit dem Schaumlöffel aus dem Öl heben und auf Küchenpapier entfetten. Zitronensaft darüberträufeln, Chat Masala daraufstreuen und heiß servieren.

Hühnchen

In Indien wird das lebendige Huhn zum Kochen ausgesucht und danach geschlachtet, oder man läßt es schlachten. Für den Durchschnittsinder ist Hühnerfleisch ein Genuß, der besonderen Gelegenheiten vorbehalten ist.

Die Hühnchenschlegel oder -filets werden in kleinen Stücken in Joghurt zusammen mit Gewürzen eingelegt und im *Tandoor* (Lehmofen) gegrillt oder mit Zwiebeln, Tomaten, Ingwer und Knoblauch in Currysoße gekocht.

Karhai Murgh Masala

Karhai-Hühnchen-Masala

Zutaten für 4 – 6 Personen

600 g Hühnchenbrustfilet

50 g Butterschmalz

1/2 TL Kreuzkümmelsamen

1/2 TL Koriandersamen

1 Zimtstange in 3 – 4 Stücke gebrochen

3 – 4 Kardamomkapseln

2 – 3 Nelken

8 schwarze Pfefferkörner

2 Lorbeerblätter

2 Zwiebeln,
geschält und in Scheiben geschnitten

1 TL frischer Ingwer,
geputzt und grob gerieben

6 Tomaten, fein geschnitten

1 1/4 TL Salz

1/2 TL Kurkumapulver

1 grüne Peperoni, fein gehackt

400 ml kochendes Wasser

1 hartgekochtes Ei, in Viertel geschnitten

50 g Joghurt, 1 TL Korianderpulver

Zum Garnieren

1 TL frisches Korianderkraut

2 Tomatenscheiben

1 hartgekochtes Ei, in Viertel geschnitten

1. Hühnchenbrustfilet waschen, trockentupfen und in 3,5 cm × 3,5 cm große Quadrate schneiden und beiseite legen.
2. Das Butterschmalz in einem schweren Topf erhitzen, Kreuzkümmelsamen, Koriandersamen, Zimtstange, Kardamonkapseln, Pfefferkörner und Lobeerblätter dazugeben und ca. eine halbe Minute darin rösten. Zwiebeln hineingeben und anbraten, bis die Zwiebeln goldbraun sind. Hühnchenfleischstücke zugeben, unter Rühren ca. 5 Minuten auf kleiner Hitze braten.
3. Ingwer, Tomaten zufügen, umrühren, das Gericht zugedeckt bei niedriger Hitzezufuhr ca. 2 – 3 Minuten köcheln lassen.
4. Salz, Kurkumapulver und Peperoni dazugeben, gut durchrühren, Wasser zugießen und zum Kochen bringen. Die Hitze reduzieren, umrühren, auf kleiner Stufe zugedeckt etwa 10 Minuten kochen lassen. Das geviertelte Ei und Joghurt hineingeben und weitere 10 Minuten sanft kochen, bis die Hühnchenfleischstücke gar sind.
5. Korianderpulver zugeben, umrühren und mit Korianderkraut, Tomatenscheiben und Ei garnieren. Heiß mit Fladenbrot servieren.

Karhai Murgh Masala ▶

Tandoori Murgh

Tandoori-Hühnchen

Zutaten für 4 Personen

8 Stück Hühnchenschlegel

6–8 EL Zitronensaft

1 TL Salz

1 1/2 TL frischer Ingwer,
geputzt und fein gerieben

3 Knoblauchzehen, geschält und gerieben

150 g Joghurt

50 ml Sahne

1/2 TL Chilipulver

3/4 TL Kreuzkümmelpulver

1 Msp. Speisefarbe Rot

Zum Garnieren

1/2 TL Chat Masala

2 TL Zitronensaft

1. Hühnchenschlegel waschen, einschneiden und aufklappen. Jedes Fleischstück dreimal 1/2 cm tief einschneiden, damit die Gewürze besser einziehen können. Die Hühnchenteile auf eine tiefe Platte legen, mit Zitronensaft einreiben und Salz darüberstreuen.
2. In einer großen Schüssel Joghurt mit den restliches Zutaten gut vermischen. Hühnchenteile einlegen und ca. 4–6 Stunden zugedeckt im Kühlschrank marinieren lassen.
3. Den Backofen vorheizen (180°C oder Gas Stufe 2). Ein Backblech mit Alufolie oder Backpapier belegen, Hühnchenteile darauflegen und im Backofen ca. 20 Minuten backen. Den Backofen öffnen und die Hühnchenteile umdrehen und ca. 15 Minuten weiter garen lassen.
4. Chat Masala und Zitronensaft daraufgeben, die Knochenenden mit Papiermanschetten oder Folie umwickeln und warm servieren.

◄ *Tandoori Murgh*

Murgh Madras

Hühnchen-Madras

Zutaten für 4 – 6 Personen

600 g Hühnchenbrustfilet

200 g Tomaten, fein geschnitten

50 ml heißes Wasser

6 EL Sonnenblumenöl

200 g Zwiebeln,
geschält und fein geschnitten

1 TL frischer Ingwer,
geputzt und fein gehackt

1 Knoblauchzehe,
geschält und fein gehackt

2 TL Tomatenmark (3fach konzentriert)

2 TL Chilipulver

1 1/4 TL Salz

1/2 TL Kurkumapulver

Saft von 2 Zitronen

400 ml Wasser

2 TL Garam Masala

1. Hühnchenbrustfilet waschen, trockentupfen und in 20 – 24 Stücke schneiden.
2. Tomaten und heißes Wasser in einen Topf geben, zugedeckt auf niedriger Hitze weich kochen. Abkühlen, in den Mixer geben, pürieren und durch ein Sieb passieren. Die Tomatensoße beiseite stellen, Kerne und Schalen wegwerfen.
3. In einem großen schweren Topf das Öl erhitzen, Zwiebeln und Hühnchenstücke zufügen, unter Rühren anbraten, bis die Zwiebeln goldbraun sind.
4. Ingwer, Knoblauch und Tomatenmark hineingeben, umrühren und zugedeckt auf niedriger Hitze ca. 3 Minuten kochen lassen, dabei gelegentlich umrühren.
5. Gewürze, Zitronensaft, Tomatensoße und Wasser zugeben, umrühren und zum Kochen bringen. Die Hitze reduzieren, umrühren und zugedeckt ca. 15 – 20 Minuten köcheln lassen, bis das Fleisch gar ist. Mit Garam Masala bestreut servieren.

Murgh Curry

Hühnchen-Curry

Zutaten für 4 – 6 Personen

600 g Hühnchenbrustfilet

3 4 Tomaten, geschält und geschnitten

50 ml Wasser

6 EL Sonnenblumenöl

1/2 TL Kreuzkümmelsamen

2 Zwiebeln, geschält und fein geschnitten

1 TL frischer Ingwer, geputzt und gerieben

2 Knoblauchzehen,
geschält und fein geschnitten

1 1/4 TL Salz

1/2 TL Kurkumapulver

1/2 TL Chilipulver

50 g Joghurt

350 ml kochendes Wasser

1/2 TL Korianderpulver

1/2 TL Garam Masala

1 EL frisches Korianderkraut,
fein gehackt, zum Garnieren

1. Hühnchenbrustfilet waschen, trockentupfen. In Quadrate schneiden (3,5 cm × 3,5 cm groß, ca. 20 Stücke) und beiseite legen.
2. Tomaten und Wasser in den Mixer geben und pürieren.
3. Das Öl in einem schweren großen Topf erhitzen. Den Kreuzkümmelsamen zugeben und kurz anrösten. Zwiebeln, Ingwer und Knoblauch dazugeben und anbraten, bis sie goldbraun sind. Hühnchenstücke zufügen, umrühren, zugedeckt auf kleiner Hitze ca. 5 Minuten anbraten.
4. Salz, Kurkumapulver, Chilipulver, Tomatenpüree und Joghurt zugeben, umrühren und zugedeckt ca. 5 Minuten köcheln.
5. Wasser dazugießen, umrühren und zum Kochen bringen. Auf der kleinsten Stufe zugedeckt kochen lassen, bis das Hühnchenfleisch gar ist (ca. 20 Minuten).
6. Korianderpulver und Garam Masala dazugeben und umrühren. Mit Korianderkraut garnieren und mit Reis servieren.

Murgh Korma

Hühnchen-Korma
(Abb. rechts)

Zutaten für 4 – 6 Personen

600 g Hühnchenbrustfilet

50 g Butterschmalz

250 g Zwiebeln, geschält und geschnitten

1/2 TL frischer Ingwer,
geputzt und fein gerieben

350 g Tomaten, geschält und geschnitten

50 g Cashewnüsse (ungesalzen)

1 grüne Peperoni, fein gehackt

1 TL Salz

200 ml kochendes Wasser

150 ml Sahne

1/2 TL Kurkumapulver

2 EL Kokosraspel

1/4 TL Kardamompulver

1/2 TL Korianderpulver

1 EL Mandeln, gehobelt

1. Hühnchenbrustfilet waschen, trockentupfen. In ca. 3,5 cm × 3,5 cm große Stücke schneiden.
2. In einem schweren großen Topf Butterschmalz erhitzen. Zwiebeln hineingeben, umrühren, anbraten, bis die Zwiebeln goldbraun sind. Hühnchenfleischstücke dazugeben und 5 Minuten unter Rühren anbraten, herausnehmen, auf einen Teller legen und beiseite stellen.
3. Ingwer, Tomaten und Cashewnüsse in den Topf geben, umrühren, zugedeckt auf kleiner Hitze ca. 5 Minuten kochen lassen. Abkühlen lassen und pürieren.
4. Im gleichen Topf die Mischung mit den übrigen Zutaten einschließlich Kardamompulver mit den gebratenen Hühnchenfleischstücken vermischen, durchrühren, zum Kochen bringen. Die Hitze reduzieren, zugedeckt ca. 20–25 Minuten köcheln lassen. Ab und zu umrühren, bis das Fleisch gar ist.
5. Korianderpulver daraufstreuen, umrühren, mit Mandeln garnieren und servieren.

Maghani Murgh

Hühnchen in Tomaten-Sahne-Soße
(Abb. links)

Zutaten für 4 – 6 Personen
600 g Hühnchenbrustfilet
50 g Joghurt
1 1/4 TL Salz
3 EL Butterschmalz
2 Knoblauchzehen, geschält und gehackt
1 EL frischer Ingwer, geputzt und fein gerieben
10 Tomaten (1 kg), gehackt
250 ml frische Sahne
1/2 TL Chilipulver
1 TL Tomatenmark (3fach konzentriert)
1 1/2 EL Zucker
1/2 TL Bockshornkleeblätter (Kasoori Methi), gemahlen (s. S. 9)
2 EL frische Sahne zum Garnieren

1. Hühnchenbrustfilet abspülen, trockentupfen und in ca. 2,5 cm × 2,5 cm große Quadrate schneiden. Auf eine Platte legen, mit Joghurt und Salz einreiben. Backofen auf 180° C vorheizen. Hühnchenstücke auf ein Backblech (mit Alufolie ausgelegt) legen und ca. 10 Minuten angaren, herausnehmen und beiseite stellen.
2. Butterschmalz im Topf erhitzen. Knoblauch und Ingwer zugeben und bei mittlerer Hitze ca. 2 Minuten anbraten. Tomaten dazugeben, unter ständigem Rühren ca. 10 Minuten köcheln lassen. Die Mischung abkühlen lassen, in den Mixer geben und pürieren, durchsieben, die Soße beiseite stellen und den Rest wegwerfen.
3. Die vorgebackenen Hühnchenstücke in den gleichen Topf geben, Tomatensoße und Sahne zugießen und zum Kochen bringen. Chilipulver, Tomatenmark und Zucker zufügen, alles gut durchrühren, bei niedriger Hitze ca. 20 Minuten köcheln lassen.
4. Die Bockshornkleeblätter zugeben, gut umrühren, etwa 5 Minuten weiterkochen. Kurz vor dem Servieren Sahne daraufgießen.

Murgh Bhuna

Hühnchen-Bhuna
(Titel-Abbildung)

Zutaten für 4 – 6 Personen
1 Stück frische Ingwerwurzel (5 cm)
3 Knoblauchzehen
4 EL Wasser
600 g Hühnchenbrustfilet
100 ml Sonnenblumenöl
1/2 TL Kreuzkümmelsamen
400 g Zwiebeln, geschält und fein gehackt
1/2 TL Chilipulver
1/2 TL Kurkumapulver
1 1/4 TL Salz
400 g Tomaten, geschält und fein gehackt
100 ml heißes Wasser
1 TL Garam Masala

1. Ingwer und Knoblauch schälen. Ingwer in kleine Stücke schneiden. Ingwer und Knoblauch mit 4 Eßlöffel Wasser im Mixer pürieren. Hühnchenbrustfilet waschen, trockentupfen und in kleine Quadrate schneiden.
2. Öl in einem Karhai oder Wok erhitzen. Kreuzkümmelsamen zugeben und kurz anbraten. Zwiebeln einstreuen und bei mittlerer Hitze anbraten, bis die Zwiebeln goldbraun sind. Ingwer-Knoblauch-Mischung zufügen und ca. eine Minute anbraten, dabei ständig rühren.
3. Chilipulver, Kurkumapulver und Salz einrühren. Dann die Hühnchenfleischstücke einlegen, alles gut mischen und bei kleiner Hitze unter ständigem Rühren ca. 5 Minuten anbraten. Tomaten zufügen, umrühren, etwa 5 Minuten köcheln lassen, bis die Tomaten weich sind. Gut aufpassen, daß nichts anbrennt. Wasser zugießen, zugedeckt sanft kochen lassen, bis das Fleisch gar ist. Ab und zu umrühren. Das Wasser soll verkocht sein.
4. Garam Masala darüberstreuen, heiß mit *Rotis* servieren.

LAMM

Für die Gerichte aus der Mogulzeit werden viele Gewürze verwendet. Zu den wichtigsten gehören Ingwer, Knoblauch und Garam Masala. Wenn Sie den Geschmack des Ingwers gerne mögen, dann können Sie noch geriebenen Ingwer zusätzlich zum Garnieren nehmen.

In Indien wird eher Ziegen- als Lammfleisch gegessen.
Das Essen von Rindfleisch ist in Indien gesetzlich verboten; der Islam erlaubt kein Schweinefleisch.
Alle Fleischgerichte werden mit Fladenbrot gegessen.

GOSCHT KORMA

Lamm-Korma

Zutaten für 4 Personen

80 g Butterschmalz

2 Zwiebeln, geschält und gehackt

1/2 TL frischer Ingwer, geputzt und fein gerieben

600 g Lammfilet, abgespült und in 2 cm große Würfel geschnitten

4–5 Tomaten, geschnitten

50 g Cashewnüsse

2 EL Kokosraspel

1 grüne Peperoni, fein gehackt

1 1/4 TL Salz

1/2 TL Kurkumapulver

250 ml Sahne

1/4 TL Kardamompulver

250 ml kochendes Wasser

1/2 TL Korianderpulver

1 EL Mandeln, gehobelt, zum Garnieren

1. In einem schweren großen Topf Butterschmalz erhitzen. Gehackte Zwiebeln, Ingwer zugeben und anbraten, bis die Zwiebeln goldbraun sind. Lammwürfel zugeben und ca. 5 Minuten unter Rühren anbraten. Lammwürfel herausnehmen, auf einen Teller legen und beiseite stellen.
2. Tomaten, Cashewnüsse, Kokosraspel und Peperoni in den Topf geben, umrühren, zugedeckt auf kleiner Hitze ca. 5 Minuten kochen lassen. Die Mischung in den Mixer geben und pürieren.
3. In den gleichen Topf die gebratenen Lammwürfel, Salz, Kurkumapulver, Sahne, Kardamompulver und die Mischung hineingeben, gut durchrühren, zugedeckt auf niedriger Hitze ca. 10 Minuten köcheln lassen.
4. Das Wasser zugießen, zum Kochen bringen, die Hitze reduzieren, zugedeckt ca. 20 Minuten sanft kochen lassen. Ab und zu umrühren, bis das Fleisch gar ist.
5. Korianderpulver daraufstreuen, umrühren, mit Mandeln garnieren und heiß servieren.

Goscht Korma ▶

Liptwa Goscht

Lamm-Liptwa

Zutaten für 4 – 6 Personen

600 g Lammfilet

100 ml Sonnenblumenöl

2 TL frischer Ingwer,
geputzt und fein gerieben

3 Knoblauchzehen,
geschält und fein gehackt

15 Tomaten,
geschält und kleingeschnitten

1 TL Salz

1/2 TL Kurkumapulver

1 TL Chilipulver

2 TL Korianderpulver

1/2 TL Chat Masala

1/2 TL Garam Masala

frisches Korianderkraut,
fein gehackt, zum Garnieren

1. Lammfilet abspülen, in 2 cm große Würfel schneiden und beiseite legen.
2. In einem Karhai Öl erhitzen, Ingwer, Knoblauch dazugeben und kurz anbraten. Lammwürfel zugeben, bei schwacher Hitze unter Rühren ca. 5 Minuten anbraten, herausnehmen, auf einen Teller legen und beiseite stellen.
3. Tomaten in den Karhai geben und bei mittlerer Hitze ca. 5 Minuten anbraten. Salz, Kurkumapulver, Chilipulver und Fleisch dazugeben, Hitze reduzieren, ca. 30 Minuten garen und dabei gleichzeitig gründlich rühren.
4. Korianderpulver darüberstreuen, einrühren, ca. 15 Minuten bei niedriger Hitze garen, bis das Fleisch weich ist. Gut aufpassen, daß das Fleisch nicht anbrennt!
5. Zum Schluß Chat Masala und Garam Masala darüberstreuen, mit frischem Korianderkraut garnieren und mit Rotis warm servieren.

Bitte beachten: Dieses Gericht sollte unbedingt in einem Karhai oder Wok zubereitet werden.

Goscht Curry

Lamm-Curry

Zutaten für 4 Personen

6 EL Sonnenblumenöl

2 – 3 Zwiebeln,
geschält und fein geschnitten

1 EL frischer Ingwer,
geputzt und fein gerieben

2 Knoblauchzehen,
geschält und fein gehackt

4 – 5 Tomaten, geschält und fein gehackt

1 1/2 TL Salz

1/2 TL Chilipulver

1/2 TL Kurkumapulver

600 g Lammfilet, abgespült und in 2 cm große Würfel geschnitten

500 ml heißes Wasser

1/2 TL Korianderpulver

1 TL Garam Masala

Sahne zum Garnieren

1. In einem großen schweren Topf das Öl erhitzen. Zwiebeln, Ingwer und Knoblauch zufügen, unter Rühren anbraten, bis die Zwiebeln goldbraun sind.
2. Tomaten hineingeben, alles gut verrühren, zugedeckt bei geringer Hitze ca. 5 Minuten schmoren.
3. Salz, Chilipulver, Kurkumapulver und Lammfleischwürfel zugeben, gut umrühren, zugedeckt bei kleiner Hitze etwa 10 Minuten köcheln lassen. Aufpassen, daß nichts anbrennt!
4. Heißes Wasser angießen und das Gericht zum Kochen bringen, danach die Hitze reduzieren und zugedeckt 20 Minuten weiterköcheln lassen. Korianderpulver zufügen, verrühren und noch 5 Minuten weiterkochen, bis das Lammfleisch gar ist.
5. Vor dem Servieren Garam Masala über das Gericht streuen, mit Sahne garnieren.

Goscht Curry, Rezept siehe oben ▶

GOSCHT DO PYAZA

Lamm-do-Pyaza

Zutaten für 4 Personen

2 mittelgroße Zwiebeln

6 EL Butterschmalz

1/2 TL Kreuzkümmelsamen

1 1/2 TL frischer Ingwer,
geputzt und fein gehackt

2 Knoblauchzehen,
geschält und fein gehackt

2 grüne Peperoni, fein geschnitten

1 1/4 TL Salz

1/2 TL Kurkumapulver

4 mittelgroße Tomaten, geviertelt

50 g Joghurt

600 g Lammfilet, abgespült und in 2 cm
große Würfel geschnitten

500 ml heißes Wasser

1 TL Korianderpulver

1 TL Garam Masala

1. Zwiebeln schälen, halbieren und in dünne Halbringe schneiden.

2. In einem Topf Butterschmalz erhitzen, Kreuzkümmelsamen zugeben und ca. eine Minute anbraten. Zwiebeln dazugeben und hellbraun anbraten. Nach und nach, bei mittlerer Hitze, unter ständigem Rühren Ingwer, Knoblauch, Peperoni, Salz und Kurkumapulver zufügen und etwa eine Minute braten.

3. Tomaten, Joghurt und Lammfleischstücke zufügen und unter Rühren ca. 10 Minuten kochen lassen. Gut aufpassen, daß nichts anbrennt.

4. Heißes Wasser angießen und zum Kochen bringen. Das Gericht zugedeckt bei schwacher Hitze ca. 20 Minuten kochen. Korianderpulver hineingeben, gut verrühren und ca. 5 Minuten ziehen lassen.

5. Kurz vor dem Servieren Garam Masala darüberstreuen.

◄ *Goscht do Pyaza*

Meeresfrüchte

An der indischen Küste ist Fisch natürlich das Hauptnahrungsmittel. Der Fisch wird entweder frisch gefangen oder getrocknet verwendet. In Südindien mag man den eigenartigen Geruch des getrockneten Fisches.

Fisch kann auf verschiedene Arten zubereitet werden: entweder in Currysoße mit Gemüse, gegrillt oder wie die folgenden zwei Rezepte. Fischgerichte schmecken am besten mit Rettichsalat (siehe Seite 61).

In Indien werden Riesengarnelen selten zubereitet, weil sie zu teuer sind. Deshalb sind sie echte Festtagsleckerbissen.

Die Rezepte in diesem Kapitel werden mit Reis serviert.

King Prawn Masala

Riesengarnelen-Curry
(Abb. rechts)

Zutaten für 4 Personen

100 g Zwiebeln

100 ml Wasser

50 g Butterschmalz

1/2 TL Ajwain

2 Knoblauchzehen,
geschält und fein gehackt

1 EL frischer Ingwer,
geputzt und fein gerieben

1 1/2 TL Salz

1/2 TL Kurkumapulver

1/2 TL Chilipulver

100 g Tomaten,
geschält und fein geschnitten

1 grüne Paprika, fein geschnitten

16 frische Riesengarnelen,
geschält und geputzt

150 ml Wasser

1 TL Garam Masala

Zum Garnieren

Zitronenscheiben

Paprikascheiben

Tomatenscheiben

1. Zwiebeln schälen, schneiden und mit 100 ml Wasser im Mixer pürieren.
2. Butterschmalz in einer großen schweren Pfanne erhitzen. Ajwain, Knoblauch und Ingwer zugeben und kurz anbraten.
3. Pürierte Zwiebeln dazugeben, umrühren und ca. 2–3 Minuten anbraten.
4. Salz, Kurkumapulver, Chilipulver und Tomaten hineingeben, bei schwacher Hitze etwa 2–3 Minuten anbraten. Paprika zugeben ca. 2 Minuten weiter braten. Dabei ständig umrühren.
5. Die frischen Riesengarnelen in die Gemüse-Würzmischung legen, Wasser angießen und auf mittlerer Hitze zum Kochen bringen. Die Hitze reduzieren, zugedeckt in ca. 15–20 Minuten garen.
6. Garam Masala darüberstreuen, vorsichtig rühren, mit Zitronen-, Paprika- und Tomatenscheiben garnieren. Mit Fladenbrot oder Sada Pulao, Seite 50, warm servieren.

Tip: Wenn Sie das Gericht etwas schärfer mögen, verwenden Sie mehr Chilipulver.

Macchi Masala

Fisch-Masala

Zutaten für 4 Personen

600 g frisches Fischfilet, z. B. Kabeljau

4 EL Butterschmalz

1/2 TL Ajwain

1 große Zwiebel,
geschält und fein geschnitten

1 EL frischer Ingwer,
geputzt und fein gerieben

2 Knoblauchzehen,
geschält und fein gehackt

2 Fleischtomaten, fein geschnitten

2 grüne Peperoni, fein gehackt

1 1/2 TL Salz

1/2 TL Kurkumapulver

3 EL Joghurt

150 ml Wasser

1 Tomate, geviertelt

1 EL Zitronensaft

1/2 TL Garam Masala

1. Fischfilet unter kaltem Wasser abspülen, trockentupfen und in 4 Portionen teilen.

2. Butterschmalz in einer großen Pfanne erhitzen, Ajwain zugeben und ca. eine halbe Minute anrösten. Zwiebel, Ingwer und Knoblauch dazufügen, bei schwacher Hitze anbraten, bis die Zwiebeln goldbraun sind. Fleischtomaten zugeben, umrühren und zugedeckt etwa 5 Minuten köcheln lassen, bis die Tomaten weich sind.

3. Peperoni, Salz, Kurkumapulver und Joghurt zugeben, umrühren, Wasser angießen und zum Kochen bringen. Die Fischfilets vorsichtig in die Pfanne legen, halb zugedeckt bei niedriger Hitze ca. 8 Minuten ziehen lassen, Tomaten hineinlegen, mit Zitronensaft beträufeln, zugedeckt ca. 2 Minuten weiterköcheln lassen, bis der Fisch gar ist. Zwischendurch etwas Soße über den Fisch schöpfen. Mit Garam Masala bestreuen und heiß mit Basmati-Reis servieren.

◀ *Macchi Masala*

Gemüse & Hülsenfrüchte

Gemüse und Hülsenfrüchte spielen eine große Rolle in der indischen Ernährung, da die meisten Inder Vegetarier sind.

Die Rezepte für Gemüsegerichte und Dals nach indischer Art sind sehr vielfältig. Jede Hausfrau und jeder Koch hat seine eigene Art, Dal und Gemüse zuzubereiten. Gemüse nach indischer Art zuzubereiten heißt, den Eigengeschmack des Gemüses hervorzuheben. Welche Gewürze zu welchem Gemüse verwendet werden, und wie man diese zu einem schmackhaften Gericht vereint, ist das Geheimnis des Kochs. Gemüse läßt sich mit Hülsenfrüchten, Joghurt, indischem Käse *(Paneer)*, Nüssen und Kräutern grenzenlos kombinieren!

Das frische Gemüse hat einen besseren Geschmack als das tiefgefrorene. Wenn Sie die Zeit haben, besorgen Sie frisches Gemüse; in Indien wird das Gemüse täglich frisch eingekauft.

Es gibt zwei Möglichkeiten, Gemüse zu garen – mit oder ohne Soße. Für Gemüse mit Soße werden Zwiebeln und Tomaten püriert, mit Wasser verdünnt und mit Gewürzen gekocht. Die andere Möglichkeit ist, die Gewürze in heißem Öl oder Butterschmalz anzurösten und das Gemüse dann mit wenig Wasser darin zu dämpfen. Hülsenfrüchte sind entweder ganz oder halbiert als Dal im Handel erhältlich. Dals sind nicht nur eine Beilage, sondern werden auch als Hauptgericht zusammen mit Chutney, Raita und Pickles gegessen. Vor dem Kochen sollten Dals immer gut gewaschen und über Nacht in Wasser eingeweicht werden. Ein guter Schnellkochtopf verkürzt die Kochzeit erheblich.

Das gelbe geschälte Mung Dal ist am einfachsten und schnellsten zu kochen. Dals werden entweder „dick“ oder „dünn“ gekocht: Die „dünnen“ Dalsoßen werden vorzugsweise mit Reis verzehrt, während die „dicken“ Dalsoßen mit Rotis gegessen werden.

Alle Gerichte passen zu Reis oder *Rotis* (Fladenbrot) und werden heiß serviert.

Shahi Paneer, Rezept Seite 40,
im Vordergrund Bockshornklee ▶

SHAHI PANEER

Käse in Tomatensoße

Zutaten für 4 – 6 Personen

2 l Vollmilch

5 – 6 EL Zitronensaft oder Essig

2 EL Butterschmalz

1/2 TL Kreuzkümmelsamen

1 TL frischer Ingwer,
geputzt und fein gerieben

1 Knoblauchzehe, geschält und gehackt

10 Tomaten (ca. 1 kg), gehackt

1 1/2 TL Salz

2 EL Zucker

1/4 TL Chilipulver

200 ml Sahne

1 TL Tomatenmark (3fach konzentriert)

1/2 TL Bockshornkleeblätter
(Kasoori Methi), gemahlen

Zum Garnieren

2 EL Sahne

Korianderblätter

1. Die Milch in einen großen Topf geben. Der Topf soll so groß sein, daß die Milch aufkochen kann, ohne überzukochen. Bei mittlerer Temperatur erhitzen. Wenn die Milch steigt, Zitronensaft hineinrühren, den Topf von der Kochplatte nehmen. Die Milch wird gerinnen. Wenn die Molke nicht klar ist, den Topf wieder auf den Herd stellen und noch etwas Zitronensaft einrühren. Die geronnene Milch und die Molke sollen getrennt sein. Ein Musselintuch in ein Sieb legen und den Paneer und die Molke hineingießen. Eine halbe Minute unter fließendes kaltes Wasser halten, um die übrigen Gerinnungsstoffe zu entfernen. Das Musselintuch zubinden, auf ein Brett oder einen Teller legen, ein zweites Brett oder einen Teller darauflegen und mit einem mit Wasser gefüllten Topf (5 – 6 kg) ca. 2 – 3 Stunden beschweren. Der Paneer ist fertig, wenn die ganze Flüssigkeit ausgepreßt ist; danach in Würfel schneiden.

2. Das Butterschmalz in einem Topf erhitzen. Kreuzkümmelsamen zugeben und hellbraun anrösten. Ingwer und Knoblauch dazugeben und kurz anbraten. Tomaten zugeben, auf mittlerer Flamme köcheln lassen, bis die Tomaten weich sind. Den Topf vom Herd nehmen und abkühlen lassen. Die Mischung in den Mixer geben und pürieren, sieben, die Soße in den gleichen Topf zurückgeben und den Rest (Tomatenkerne und -schalen) wegwerfen.

3. Den Topf mit der Soße auf den Herd stellen, Paneerwürfel, Salz, Zucker, Chilipulver, Tomatenmark und Sahne hineingeben und zum Kochen bringen. Die Hitze herunterschalten und etwa 15 Minuten köcheln lassen. Bockshornkleeblätter einrühren (Vorsicht! Beim Einrühren darauf achten, daß die Paneerwürfel nicht bröckeln) und ca. 5 Minuten weiterkochen lassen. Mit Sahne und Koriander garnieren und heiß mit Reis oder Brot servieren.

Sabzi Jalfrazy

Gemischte Gemüsepfanne

Zutaten für 4 – 6 Personen

150 g grüne Bohnen, geschnitten
(frisch oder tiefgefroren)

2 Kartoffeln, geschält und gewürfelt

1 Karotte, geschält und gewürfelt

100 ml Wasser

1 grüne Paprikaschote

1/2 Blumenkohl

1 mittelgroße Zwiebel

2 EL Butterschmalz

1/2 TL Kreuzkümmelsamen

3 – 4 getrocknete rote Chilischoten

3 Tomaten, geschält und fein gehackt

100 g Erbsen, kurz gewaschen
(frisch oder tiefgefroren)

100 ml Sahne

1 TL Salz

1/2 TL Chilipulver

1/2 TL Kurkumapulver

1/2 TL Bockshornkleeblätter
(Kasoori Methi), gemahlen

Diese einfache Zubereitungsform von unterschiedlich lange gegartem Gemüse –knackig und gar – und Gewürzen paßt gut zu Reis oder indischem Fladenbrot.

1. Die Bohnen, Kartoffelwürfel und Karottenwürfel in einem Sieb unter fließendem Wasser abspülen und abtropfen lassen. In einen großen Topf Wasser gießen, zum Kochen bringen, Gemüse dazugeben, auf niedriger Flamme halbgar dämpfen.

2. Die Paprikaschote halbieren, mit einem Teelöffel die Samen und weißen Rippen aus dem Inneren entfernen, ohne die Haut zu verletzen. In 5 mm dünne Streifen schneiden. Den Blumenkohl putzen und in Röschen, ca. 4 cm lang und 1 1/2 cm dick, schneiden. Zwiebel schälen, halbieren und in 5 mm dicke Scheiben schneiden. Dieses Gemüse in einem Sieb gut abspülen und abtropfen lassen.

3. In einem *Karhai* Butterschmalz erhitzen, Kreuzkümmelsamen und Chilischoten zugeben und eine Minute anrösten. Die Tomaten und Erbsen zufügen und unter Rühren ca. weitere 5 Minuten köcheln lassen.

4. Das halbgare Gemüse, Sahne, Salz, Chilipulver und Kurkumapulver dazugeben, 5 – 8 Minuten garen, dabei gleichmäßig umrühren, so daß sich die Gewürze und die Sahne gut verteilen und das Gemüse nicht anbrennen kann.

5. Paprika, Blumenkohl und Zwiebel zufügen, umrühren, ca. 3 Minuten köcheln lassen. Bockshornkleeblätter darüberstreuen und behutsam durchmischen und noch ca. 4 – 5 Minuten köcheln lassen.

Sabzi Navaratan

Gemischtes Gemüse mit Obst

Zutaten für 4 – 6 Personen
2 Karotten
1 große Kartoffel
1 kleine Zucchini
1 Zwiebel, geschält und grob geschnitten
1 Tomate, geschält und grob gehackt
4 EL Wasser
2 EL Butterschmalz
1/2 TL Kreuzkümmelsamen
100 g tiefgefrorene Erbsen
100 g tiefgefrorene Bohnen, geschnitten
10 Cashewnüsse
1/4 TL Chilipulver
1/4 TL Kurkumapulver
1 TL Salz
250 ml Wasser
150 ml Sahne
1 kleiner Apfel, geschält und in Würfel geschnitten
1 kleine Birne, geschält und in Würfel geschnitten
10 – 15 kernlose Trauben

1. Karotten und Kartoffeln schälen, waschen und in kleine Würfel schneiden. Zucchini waschen und in zentimeterdicke Scheiben schneiden.

2. Zwiebel, Tomate und Wasser im Mixer pürieren.

3. In einer schweren Pfanne Butterschmalz erhitzen, Kreuzkümmelsamen zugeben und kurz anrösten. Zwiebel-Tomaten-Püree zufügen und bei mittlerer Hitze ca. 2 Minuten anbraten, dabei ständig rühren.

4. Das Gemüse, Cashewnüsse, Chilipulver, Kurkumapulver und Salz hineingeben, umrühren. Wasser zugießen, zum Kochen bringen, die Hitze reduzieren, zugedeckt ca. 15 Minuten köcheln lassen.

5. Sahne zugeben, durchrühren, die Hitzezufuhr erhöhen, zum Kochen bringen. Dann auf kleiner Stufe halb zugedeckt ca. 10 Minuten kochen lassen. Das Obst zufügen, umrühren und nur kurz weiterkochen, bis das Obst warm ist. Mit Reis heiß servieren.

Tip: Sie können Gemüse und Obst nach Wunsch variieren – siehe Abbildung!

◄ *Sabzi Navaratan*

Paneer Bhujia

Indischer Käse mit Gemüse

Zutaten für 4 Personen
2 l Vollmilch
5–6 EL Zitronensaft oder Essig
1 EL Butterschmalz
1/2 TL Kreuzkümmelsamen
150 g Zwiebeln, geschält und gehackt
50 g Karotten, geschält und gewürfelt
50 g tiefgefrorene Erbsen
50 g tiefgefrorener Mais
1/8 TL Kurkumapulver
2–3 Tomaten, gehackt
1 1/4 TL Salz
2 Peperoni, fein gehackt

1. Paneer-Zubereitung siehe Seite 40; der Paneer ist fertig, wenn die ganze Flüssigkeit abgetropft ist.

2. Das Butterschmalz in einer Pfanne erhitzen. Kreuzkümmelsamen zugeben und unter Rühren kurz anrösten. Zwiebeln dazugeben, umrühren und hellbraun anbraten.

3. Erbsen, Karotten und Mais zugeben, umrühren, zugedeckt auf kleiner Hitze ca. 6–8 Minuten köcheln lassen. Gut aufpassen, daß nichts anbrennt.

4. Paneer, Kurkumapulver, Tomaten, Salz und Peperoni mit dem Pfanneninhalt vermischen, auf mittlerer Flamme zugedeckt köcheln lassen, bis die Tomaten weich sind. Heiß mit Brot servieren.

Aloo kali Mirch

Kartoffeln mit schwarzem Pfeffer

Zutaten für 4 – 6 Personen
10 mittelgroße Kartoffeln
2 EL Butterschmalz
3 Knoblauchzehen, geschält und fein gehackt
1 EL frischer Ingwer, geputzt und fein gerieben
1 TL Salz
1/4 TL Kurkumapulver
1 1/2 TL frisch gemahlener schwarzer Pfeffer
250 ml Sahne
2 – 3 frische Korianderblätter zum Garnieren

1. Die Kartoffeln schälen, waschen und in Würfel schneiden.

2. Butterschmalz in einer Pfanne auf mittlerer Flamme erhitzen, Knoblauch und Ingwer dazugeben, anbraten, bis der Knoblauch anfängt, braun zu werden.

3. Kartoffelwürfel hinzufügen, umrühren. Salz, Kurkumapulver und Pfeffer daraufstreuen, vermischen. Sahne zugießen und auf kleiner Hitze zugedeckt dünsten, bis die Kartoffeln gar sind. Gut aufpassen, daß nichts anbrennt. Mit Korianderblättern garniert sofort servieren.

Aldoo Kali Mirch ▶

Mung Dhuli Dal

Pikante Gelbe Linsen

Zutaten für 4 Personen

200 g Mung Dal (halbiert, enthülst)

4 EL Butterschmalz

1/2 TL Kreuzkümmelsamen

1/2 Zimtstange, in 2 Stücke gebrochen

3–4 getrocknete rote Chilischoten

1/2 TL Chilipulver

1/4 TL Kurkumapulver

1 TL Salz

350 ml kochendes Wasser

2 EL frisches Korianderkraut,
fein gehackt, zum Garnieren

1. Das Mung Dal in ein Sieb geben, unter kaltem fließendem Wasser waschen, bis das ablaufende Wasser klar ist. Das Dal eine Stunde einweichen und dann gut abtropfen lassen.
2. Das Butterschmalz in einem Topf erhitzen, Kreuzkümmelsamen, Zimtstangenstücke und Chilischoten dazugeben und nur kurz, ca. 45 Sekunden, anrösten.
3. Das Mung Dal zufügen, umrühren und etwa 5 Minuten braten. Chilipulver, Kurkumapulver und Salz zugeben, alles gut vermischen. Das Wasser zugießen, zum Kochen bringen. Die Hitze reduzieren und die Linsen halb zugedeckt etwa 10–12 Minuten köcheln lassen.
4. Mit dem gehackten frischen Korianderkraut garnieren.

Als Beilage zu Fleisch- oder Hühnchengerichten oder einfach mit Roti oder Reis servieren.

Maha ki Dal

Schwarze-Bohnen-Curry

Zutaten für 4 Personen

150 g Urad Dal (ganz), 1 l Wasser

50 g Butterschmalz

1 Zimtstange, in 4 Stücke gebrochen

1/2 TL Kreuzkümmelsamen

1 mittelgroße Zwiebel,
geschält und fein gehackt

1 TL frischer Ingwer,
geputzt und fein gerieben

3 Tomaten, geschält und fein gehackt

1 grüne Peperoni, fein gehackt

1/2 TL Kurkumapulver

1 TL Salz

100 ml Sahne

1/2 TL Garam Masala

1. Dal in einem großen Sieb unter fließendem kalten Wasser waschen, bis das ablaufende Wasser klar bleibt. In eine Schüssel geben und soviel warmes Wasser angießen, daß die Hülsenfrüchte mit vier bis fünf cm Wasser bedeckt sind. Über Nacht einweichen; in einem Sieb abtropfen lassen.
2. In einem schweren Topf das Dal und 1 l Wasser zum Kochen bringen. Auf kleinere Stufe herunterschalten, den Topfinhalt halb zugedeckt ca. 40–50 Minuten köcheln lassen, bis das Dal weich ist.
3. In einem anderen Topf Butterschmalz heiß werden lassen, Zimtstangenstücke und Kreuzkümmelsamen dazugeben und kurz anrösten. Zwiebeln und Ingwer hinzufügen und goldbraun anbraten.
4. Tomaten, Peperoni, Kurkumapulver und Salz hineingeben, rühren, auf niedriger Hitze etwa 5 Minuten anbraten. Dal mit seiner Flüssigkeit einrühren, halb zugedeckt auf kleiner Stufe ca. 10 Minuten köcheln lassen.
5. Sahne eingießen, ca. 10 Minuten weiterkochen, bis alles gut weich ist. Zum Schluß Garam Masala darüberstreuen. Das Gericht mit Sada Pulao (S. 50) servieren.

◀ *Oben: Mung Dhuli Dal; unten: Maha ki Dal*

REISGERICHTE

Reis ist in Indien eines der wichtigsten Grundnahrungsmittel. In manchen Gegenden wird Reis mindestens einmal täglich gegessen.

Reis, der zusammen mit Gewürzen, Gemüsen, Nüssen und / oder *Paneer* (Käse) gekocht wird, nennt man *Pulao*. An einem heißen Sommertag ist Pulao, zusammen mit gekühltem Joghurt, eine leichte und sehr erfrischende Speise.

Die Bezeichnung *Pulao* wird vor allem in Nordindien gebraucht. *Biriyani* entstammt der Urdu-Sprache; es ist eine Spezialität, die vorzugsweise in Gegenden, die von Moslems bewohnt werden – auch im angrenzenden Afghanistan und Pakistan – so genannt wird. Ursprünglich wird das Gericht in einem Dampftopf zubereitet.

Von den vielen verschiedenen Reissorten ist der langkörnige Basmati-Reis der beste. Basmati-Reis hat ein besonderes Aroma und ist leicht zuzubereiten.

Ein paar Hinweise zum besseren Gelingen:
Nehmen sie eine Handvoll Reis pro Person (ca. 50–80 g).

Da Reis in Mitteleuropa wenig gegessen wird, wissen viele Menschen nicht, wie man Reis richtig kocht. Es ist sehr wichtig, den Reis während des Kochens nicht umzurühren, da sonst die Reiskörner gebrochen werden. Es soll nur soviel Wasser zugegossen werden, wie unbedingt nötig, und der Reis soll nicht zu lange gekocht werden.

Waschen Sie den Reis unter kaltem fließendem Wasser, bis das ablaufende Wasser klar bleibt.

Den Reis vor dem Kochen 30 Minuten im Wasser einweichen, dann in ein Sieb geben und ein paar Minuten abtropfen lassen.

Wenn Sie keine Zeit haben, den Reis einzuweichen, dann brauchen Sie etwas mehr Wasser zum Dämpfen.

Achten Sie darauf, daß der Deckel des Kochtopfes gut verschlossen ist. Dämpfen Sie den Reis auf kleinster Hitzezufuhr, ohne den Deckel zu öffnen und den Reis umzurühren.

Garprobe: Wenn die Reiskörner zwischen dem Zeigefinger und Daumen zerdrückt werden können, dann ist der Reis fertig gekocht.

Im Uhrzeigersinn, links unten beginnend:
Mattar Pulao, Murgh Biriyani, Sada Pulao, Sabzi Biriyani. ▶

Sada Pulao

Einfacher Gewürzreis
(auf der Abbildung rechts oben)

Zutaten für 4 – 6 Personen

400 g Basmati-Reis

4 EL Butterschmalz

6 Nelken

1/2 TL Kreuzkümmelsamen

4 – 5 grüne Kardamomkapseln

2 – 3 Lorbeerblätter

1 Zimtstange, in 3 – 4 Stücke gebrochen

1 Handvoll Cashewnüsse

1 TL Salz

500 ml Wasser

1. Basmati-Reis in ein Sieb geben und unter kaltem fließendem Wasser abspülen. Den Reis in eine Schüssel geben, mit kaltem Wasser bedecken und eine halbe Stunde einweichen; dann gut abtropfen lassen.
2. Das Butterschmalz in einem schweren Topf erhitzen, die Nelken, Kreuzkümmelsamen, Kardamomkapseln, Lorbeerblätter und Zimtstangenstücke zugeben und kurz anbraten.
3. Cashewnüsse und Salz dazugeben und unter ständigem Rühren braten, bis die Nüsse hellbraun sind. Reis hineingeben, Wasser zugießen, umrühren und zum Kochen bringen. Die Hitze reduzieren, zugedeckt ca. 20 – 25 Minuten dämpfen.

Mattar Pulao

Reis mit Erbsen
(auf der Abbildung unten)

Zutaten für 4–6 Personen

400 g Basmati-Reis

4 EL Sonnenblumenöl

1/2 TL Kreuzkümmelsamen

1 Zimtstange, in 3–4 Stücke gebrochen

2 Frühlingszwiebeln, geschält und geschnitten

100 g frische Erbsen

2 grüne Peperoni, ein paarmal längs eingeschnitten

1 TL Salz

500 ml Wasser

1 EL frische Korianderblätter, geschnitten, zum Garnieren

1. Basmati-Reis in ein Sieb geben und unter kaltem fließendem Wasser abspülen. Den Reis in eine Schüssel geben, mit kaltem Wasser bedecken und eine halbe Stunde einweichen; dann abtropfen lassen.
2. In einem schweren Topf das Sonnenblumenöl erhitzen, dann Kreuzkümmelsamen und Zimtstangenstücke kurz darin anrösten. Frühlingszwiebeln dazugeben, auf niedriger Stufe anbraten, bis die Frühlingszwiebeln hellbraun sind. Erbsen, Peperoni und Salz zufügen, umrühren, zugedeckt ca. 2 – 3 Minuten kochen.
3. Den Reis zugeben, gut mit den übrigen Zutaten mischen, Wasser zugießen und zum Kochen bringen. Zugedeckt bei schwacher Hitze ca. 20 – 25 Minuten dämpfen.
4. Den Reis mit einer Gabel auflockern und mit Korianderblättern garniert warm servieren.

Tip: Falls frische Erbsen und Frühlingszwiebeln nicht zu haben sind, können Sie tiefgefrorene Erbsen und Speisezwiebeln nehmen.

Sabzi Biriyani

Gemüsereis
(auf der Abbildung rechts)

Zutaten für 4 – 6 Personen

400 g Basmati-Reis

4 EL Butterschmalz

1/2 TL Kreuzkümmelsamen

5 Kardamomkapseln

1 Zimtstange, in 4 Stücke gebrochen

3 – 4 Muskatblüten (Macis)

1 Zwiebel,
geschält und in Streifen geschnitten

100 g tiefgefrorene Erbsen

1 Karotte, geschält und gewürfelt

100 g tiefgefrorener Mais

1 Handvoll Cashewnüsse

1 Handvoll Sultaninen

1 TL Salz

1/4 TL Kurkumapulver

2 grüne Peperoni,
ein paarmal längs eingeschnitten

500 ml Wasser

1 EL Rosenwasser
oder ein paar Tropfen Rosenessenz

1. Basmati-Reis in ein Sieb geben und unter kaltem fließendem Wasser abspülen. Den Reis in eine Schüssel geben, mit kaltem Wasser bedecken und eine halbe Stunde einweichen; dann abtropfen lassen.

2. Butterschmalz in einem schweren Topf erhitzen, Kreuzkümmelsamen, Kardamomkapseln und Zimtstangenstücke zugeben und ca. eine Minute anrösten. Die Muskatblüten und Zwiebeln zufügen, umrühren, auf niedriger Hitze anbraten, bis die Zwiebeln hellbraun sind.

3. Erbsen, Karotten, Mais, Cashewnüsse, Sultaninen, Salz, Kurkumapulver und Peperoni hineingeben, gut vermischen, zugedeckt ca. 2 – 3 Minuten köcheln lassen.

4. Den Reis dazugeben, umrühren, Wasser angießen, nochmals durchrühren und zum Kochen bringen. Danach die Hitze reduzieren, zugedeckt ca. 20 – 25 Minuten dämpfen, bis der Reis gar ist.

5. Rosenwasser daraufsprengen, mit einer Gabel vorsichtig unterheben und den Gemüsereis heiß servieren.

Murgh Biriyani

Reis mit Hühnchen
(auf der Abbildung links)

Zutaten für 4 – 6 Personen

400 g Basmati-Reis

400 g Hühnchenbrustfilet

500 ml Wasser

60 g Butterschmalz

1 Zimtstange, in 3 – 4 Stücke gebrochen

3 – 4 grüne Kardamomkapseln

4 – 5 schwarze Kardamomkapseln

10 Nelken

10 schwarze Pfefferkörner

2 Lorbeerblätter

1 kleine Zwiebel,
geschält und in Scheiben geschnitten

20 Cashewnüsse

20 Pistazien, ungesalzen

1 TL frischer Ingwer,
geputzt und fein gerieben

2 Tomaten,
geschält und fein geschnitten

1 1/4 TL Salz

1/2 TL Kurkumapulver

1 grüne Peperoni, fein gehackt

500 ml kochendes Wasser

Zum Garnieren

1 TL frisches Korianderkraut,
fein geschnitten

gebratene Zwiebelringe

1. Den Reis in ein Sieb geben, unter kaltem fließendem Wasser waschen, bis das ablaufende Wasser klar ist. Eine halbe Stunde in Wasser einweichen und dann gut abtropfen lassen.

2. Hühnchenbrustfilet waschen, trockentupfen und in kleine Stücke schneiden. Das Wasser in einem großen Topf zum Kochen bringen. Hühnchenstückchen dazugeben, die Hitze reduzieren und etwa 5 Minuten kochen lassen, herausnehmen und beiseite stellen.

3. In einem großen Topf Butterschmalz erhitzen, Zimtstangenstückchen, Kardamomkapseln (grüne und schwarze), Nelken, Pfefferkörner und Lorbeerblätter zugeben, bei mittlerer Hitze etwa 1 Minute anrösten. Zwiebeln hineingeben, unter gelegentlichem Rühren ca. 3 Minuten anbraten. Die Nüsse, Ingwer, Tomaten, Salz, Kurkumapulver, Peperoni und Hühnchenstücke zufügen und alles gut verrühren; zugedeckt ca. 5 Minuten schmoren.

4. Den Reis dazugeben, gut umrühren und mit kochendem Wasser auffüllen, kurz aufkochen. Die Hitze auf die kleinste Stufe stellen, zugedeckt 20 – 25 Minuten dämpfen.

5. Vorsichtig mit einer Gabel lockern. Mit frischem Korianderkraut und gebratenen Zwiebelringen garnieren und heiß servieren.

MITHE CHAWAL

Reis mit Sultaninen und Mandeln

Zutaten für 4 – 6 Personen

400 g Basmati-Reis

2 EL Butterschmalz

4 – 5 Kardamomkapseln

1 Zimtstange, in 3 – 4 Stücke gebrochen

2 Muskatblüten

50 g blanchierte Mandeln, gestiftelt

50 g Sultaninen

1 EL Zucker

1 Msp. Salz

1/4 TL Safranpulver

500 ml Wasser

1 EL Rosenwasser
oder ein paar Tropfen Rosenessenz

1. Basmati-Reis in ein Sieb geben und unter kaltem fließendem Wasser abspülen. Den Reis in eine Schüssel geben, mit kaltem Wasser bedecken und eine halbe Stunde einweichen; dann abtropfen lassen.

2. In einem schweren Kochtopf das Butterschmalz erhitzen, Kardamomkapseln, Zimtstangenstücke und Muskatblüten darin kurz anrösten. Mandeln, Sultaninen, Zucker und Salz zufügen, umrühren, zugedeckt ca. 2 – 3 Minuten kochen.

3. Den Reis und Safranpulver zugeben, alles gut vermischen; Wasser angießen und zum Kochen bringen. Zugedeckt bei schwacher Hitze ca. 20 – 25 Minuten dämpfen. Den Reis mit einer Gabel auflockern, warm servieren.

FLADENBROT

In Indien gibt es keine Bäckerei, in der das „tägliche Brot" gekauft wird. Fast zu jeder Mahlzeit wird es frisch zubereitet. Indisches Brot gibt es in verschiedenen Sorten: kleine fritierte *Puris*, gebratene *Parathas* und ausgebackene *Rotis*. Sie alle können problemlos und schnell zubereitet werden. In der westlichen Gesellschaft ißt man mit Messer und Gabel. In Indien ersetzt das Brot die Gabel. Man reißt ein kleines Stück vom Brot ab und faßt entweder damit ein Häppchen, oder man formt eine Art Schaufel, auf die ein Happen geschoben und dann in den Mund geführt wird.

Im „modernen" Indien schicken die Hausfrauen ihre Männer mit dem Teig für das Fladenbrot um die Ecke zum *Tandoorwala*, um dort das *Roti* oder *Nan* im *Tandoor** backen zu lassen. Die klugen Hausfrauen haben ihren Ehemännern damit eine neue Aufgabe gegeben. Die Frauen bleiben zu Hause, um die Fernsehserien nicht zu verpassen!

Tandoorwalas gibt es vor allem in Großstädten wie Delhi an jeder Ecke.

Der Begriff *Chapati* meint dasselbe wie *Roti*, doch unter Hindus ist die Bezeichnung *Roti* geläufiger. Das Chapatimehl wird in indischen Lebensmittelgeschäften angeboten. Falls Sie kein Chapatimehl bekommen, dann können Sie durch Mischen von Weizenmehl und Vollkornmehl (im Verhältnis 2:1) ein Mehl mit ähnlichem Geschmack erhalten.

In diesem Kapitel sind die Brote entweder auf der *Tava* oder in einem *Karhai* fritiert.

---

* Tandoor ist ein Lehmofen.

Vorne links: Puri mit Vollkornmehl; oben links: Khasta Roti, Seite 56; daneben: Nan, Seite 56; unten rechts: Macchi ki Roti, Seite 58. ▶

Khasta Roti

Brot mit Weizengrieß

Zutaten für 4 Personen
250 g Chapatimehl
100 g Weizengrieß
1/2 TL Ajwain
1/2 TL Salz
1 EL Zucker
100 g weiche Butter
ca. 125 ml warme Milch
Butter zum Bestreichen

1. Mehl, Weizengrieß, Ajwain, Salz, Zucker und Butter in eine Schüssel geben und gut vermischen. Nach und nach Milch zufügen, den Teig mit den Händen kneten, bis er glatt ist. Zu einer Kugel formen, in einer Schüssel, mit einem feuchten Küchentuch bedeckt, ca. 15–20 Minuten ruhen lassen.
2. Den Teig in 15 gleich große Bällchen teilen. Die Bällchen flachdrücken und auf einem bemehlten Holzbrett rund ausrollen (10 cm Durchmesser).
3. Eine Tava oder eine schwere Pfanne langsam erhitzen. Das erste Roti hineingeben, 30–45 Sekunden backen. Mit einem Schaumlöffel das Roti umdrehen und die andere Seite ebenso backen. Noch einmal umdrehen, bis das Roti auf beiden Seiten hellbraun ist.
4. Das gebackene Roti mit Butter bestreichen. Küchentuch auf einen Teller legen, die fertigen Rotis darauf stapeln und zugedeckt in einen Topf legen, damit die Rotis nicht austrocknen, sondern frisch und warm bleiben.
5. Alle Rotis auf diese Weise zubereiten.

Eine gute indische Hausfrau backt ihre Rotis ganz kurz vor der Mahlzeit, damit die Familie sie frisch essen kann!

Tip: Chapatimehl bekommen Sie in indischen Lebensmittelgeschäften.

Bhatura

Fritiertes Brot

Zutaten für ca. 8 Brote
250 g Weizenmehl
1 EL Butterschmalz
1/2 TL Salz
1 TL Zucker
1/2 TL Backpulver
100 g Joghurt
ca. 50 ml Milch
Öl zum Fritieren

1. Weizenmehl, Butterschmalz, Salz, Zucker, Backpulver und Joghurt in eine Schüssel geben, gut vermengen. Nach und nach Milch hineingießen, den Teig mit den Händen kneten bis er glatt und elastisch ist. Den Teig zu einem Ball formen. In einer Schüssel, mit einem feuchten Küchentuch zugedeckt, 20 Minuten ruhen lassen.
2. Den Teig in acht gleich große Bällchen teilen. Auf einem eingeölten Holzbrett die Bällchen flachdrücken und zu sehr dünnen (ca. 1 mm dick) Kreisen ausrollen (ca. 7 cm Durchmesser).
3. Öl in einem *Karhai* erhitzen. Wenn das Öl heiß ist, die Hitze auf mittlere Stufe reduzieren. Das erste Bhatura in das Öl gleiten lassen, mit einer Siebkelle tief in das Öl drücken. Das Bhatura so oft wenden, bis es auf beiden Seiten goldbraun ausgebacken ist. Herausnehmen und auf Küchenpapier abtropfen lassen. Die anderen Bhaturas genauso ausbacken. Zu allen Gerichten heiß servieren.

Variante: Für *Nan* teilen Sie den Teig in 5 gleich große Bällchen, die Sie auf einem bemehlten Brett zun Dreiecken ausrollen. Unter dem heißen Grill auf beiden Seiten goldbraun ausbacken.

Ursprünglich wird *Nan* (siehe Abb.) im *Tandoor* (Lehmofen) ausgebacken. Das im Grill gebackene *Nan* ist geschmacklich etwas anders als das im *Tandoor* gebackene *Nan*.

Aloo ka Paratha

Brot mit Kartoffelfüllung

Zutaten für 6 Parathas

Paratha-Teig

250 g Chapatimehl

100 g Weizenmehl

1/2 TL Salz

1 EL Pflanzenöl

ca. 175 ml warme Milch

Butterschmalz zum Braten

1. Die beiden Mehlsorten, Salz und Öl in eine Schüssel geben, gut vermischen. Nach und nach Milch zugießen und alles zu einem glatten Teig verarbeiten. Den Teig zu einer Kugel formen, in eine Schüssel geben, mit einem feuchten Küchentuch zudecken und ca. 15 – 20 Minuten ruhen lassen.
2. Aus dem Teig 6 gleich große Kugeln formen und mit einem feuchtem Küchentuch abdecken.

Füllung

450 g Kartoffeln (mehlig kochend)

1/2 TL Kreuzkümmelsamen

1/2 TL Korianderpulver

1 TL Sesam

1 grüne Peperoni, sehr fein gehackt

1 TL Zitronensaft

3/4 TL Salz

1. Kartoffeln in der Schale weich kochen und abkühlen lassen. Die Kartoffeln pellen, dann durch die Kartoffelpresse drücken. Kartoffelmasse in eine Schüssel geben.
2. Kreuzkümmelsamen, Korianderpulver, Sesam, Peperoni, Zitronensaft und Salz zugeben und alles gut vermengen. Aus der Masse 6 gleich große Kugeln formen.
3. Auf einem bemehlten Holzbrett eine Teigkugel zu einem ca. 10 cm großen Kreis ausrollen, in die Mitte eine Kartoffelkugel legen, die Teigränder darüberfalten und fest zusammendrücken. Dann die gefüllten Bällchen vorsichtig 3–4 mm dick (12 cm Durchmesser) ausrollen.
4. Eine schwere Pfanne bei mittlerer Hitze heiß werden lassen. Das erste Paratha hineingeben, 30–45 Sekunden backen. Mit einem Spachtel umdrehen und die andere Seite ebenso backen. Die Oberseite mit 1 TL Butterschmalz bestreichen, nochmals wenden und wieder mit 1 TL Butterschmalz bestreichen; so lange braten, bis beide Seiten goldbraun sind. Die fertigen Parathas auf einem Teller stapeln.
5. Alle Parathas auf diese Weise zubereiten.
6. Warm mit Joghurt als Beilage oder Snack servieren.

Maccki ki Roti

Brot aus Maismehl

Zutaten für 10 Rotis

250 g feines Maismehl

100 g Chapatimehl

1/4 TL Salz

1 EL Sonnenblumenöl

ca. 150–175 ml warmes Wasser

Butter zum Bestreichen

1. Beide Mehlsorten, Salz und Sonnenblumenöl in eine Schüssel geben und gut vermischen. Nach und nach Wasser hineinschütten und mit den Händen alles zu einem glatten Teig kneten. Den Teig zu einer Kugel formen, in eine Schüssel geben, mit einem feuchten Küchentuch zudecken und ca. 15–20 Minuten ruhen lassen.
2. Den Teig in 10 gleich große Bällchen teilen. Die Bällchen flachdrücken und auf einem bemehlten Holzbrett rund ausrollen (10–12 cm Durchmesser).
3. Eine Tava oder schwere Pfanne bei mittlerer Hitze heiß werden lassen. Das erste Roti hineingeben, 30–45 Sekunden backen. Mit dem Schaumlöffel das Roti umdrehen und die andere Seite ebenso backen. Noch einmal umdrehen, bis das Roti auf beiden Seiten hellbraun ist.
4. Jedes gebackene Roti mit Butter bestreichen. Küchentuch auf einen Teller legen, die fertigen Rotis darauf stapeln und zugedeckt in einen Topf legen, damit die Rotis warm bleiben und nicht austrocknen.
5. Alle Rotis auf diese Weise zubereiten.

Puri

In Öl ausgebackenes Brot

Zutaten für 4 Personen

200 g Chapatimehl

50 g Vollkornweizenmehl

2 TL Sesamsamen

1 EL Butterschmalz

1/2 TL Salz

ca. 140 ml warme Milch

Öl zum Fritieren

1. Beide Mehlsorten, Sesamsamen, Butterschmalz und Salz in eine Schüssel geben, gut vermengen. Nach und nach Milch zugießen, den Teig mit den Händen kneten, bis er glatt ist. Den Teig zu einem Ball formen. In einer Schüssel, mit einem feuchten Küchentuch zugedeckt, 20–30 Minuten ruhen lassen.
2. Den Teig in walnußgroße Bällchen teilen. Auf einem eingeölten Holzbrett die Bällchen flachdrücken und zu ca. 1 mm dicken Kreisen ausrollen (ca. 7 cm Durchmesser).
3. Öl in einem Karhai erhitzen. Wenn das Öl heiß ist, die Hitze auf mittlere Stufe reduzieren. Das erste Puri in das Öl gleiten lassen, mit einer Siebkelle tief in das Öl hineindrücken, das Puri wenden, bis es auf beiden Seiten goldbraun ausgebacken ist. Herausnehmen und auf Küchenpapier abtropfen lassen. Die anderen Puris genauso ausbacken. Zu allen Gerichten heiß servieren.

BEILAGEN

Die Beilagen stellen ein „absolutes Muß" zu vielen Gerichten – wie z. B. *Dals* mit *Raita*, *Pakoras* mit *Chutney* usw. – dar.

Die mit Joghurt zubereiteten Salate *(Raita)* sind besonders im Sommer eine leichte und bekömmliche Alternative zu Fleischgerichten, zu Fast food – und sie eignen sich zur Mitnahme an den Arbeitsplatz.

Chutneys werden entweder gekocht oder frisch püriert. Ihr Geschmack variiert von süß über sauer bis zu scharf. Zu Beginn der Mahlzeit werden sie sehr oft in kleinen Schüsseln gekühlt serviert. Ein gutes Chutney wird teelöffelweise auf den Tellerrand gegeben und während des Essens in kleinen Portionen genossen.

KACHUMBAR

Indischer Salat

Zutaten für 4 Personen

2 Tomaten, kleingeschnitten
1 Zwiebel, geschält und kleingeschnitten
1 kleine Gurke, kleingeschnitten
1 Banane (nicht zu reif), kleingeschnitten
Saft von einer Zitrone
1/4 TL Kreuzkümmelpulver
1/4 TL Chat Masala
1/2 TL Salz

Alle Zutaten in möglichst kleine Würfel schneiden, in eine Schüssel geben, gut vermischen und gleich servieren.

ALOO PYAZ

Kartoffelsalat

Zutaten für 4–6 Personen

500 g Salatkartoffeln
3–4 Kopfsalatblätter
2 EL Pflanzenöl
2 Frühlingszwiebeln (nur das Weiße), geschält und fein geschnitten
1/4 TL Kurkumapulver
1/2 grüne Peperoni, fein gehackt
1 TL Salz
2 EL frisches Korianderkraut, fein gehackt

1. Kartoffeln mit der Schale kochen und abkühlen lassen. Dann die Kartoffeln schälen und in kleine Würfel schneiden. Kopfsalatblätter waschen und abtropfen lassen.
2. Das Öl, Zwiebeln, Kurkumapulver, Peperoni und Salz in eine Schüssel geben, gut vermischen. Kartoffelwürfel hineingeben und alles vorsichtig mit den Händen vermengen.
3. Die Salatblätter auf eine Platte legen, darauf die Kartoffelmischung anrichten und mit Korianderkraut garnieren. Gut gekühlt servieren.

Aloo Raita

Joghurt mit Kartoffeln

Zutaten für 4 Personen

2 mittelgroße Kartoffeln

250 ml Joghurt

1/4 TL schwarzer Pfeffer

1 Msp. Chilipulver

1 TL geröstetes Kreuzkümmelpulver

1/2 TL Salz

1 EL frische Korianderblätter,
fein geschnitten, zum Garnieren

1. Kartoffeln mit der Schale kochen und abkühlen lassen. Dann schälen und in kleine Würfel schneiden, beiseite stellen.
2. Die restlichen Zutaten in eine Schüssel geben, gut verrühren. Kartoffelwürfel zugeben und alles vorsichtig vermengen. Zum Durchziehen ca. eine Stunde in den Kühlschrank stellen.
Mit Koriander garnieren und kalt servieren.

Sindhi Raita

Joghurt mit Tomaten und Zwiebeln

Zutaten für 3 – 4 Personen

1 Zwiebel, geschält und fein geschnitten

2 Tomaten, fein gehackt

250 ml Joghurt

1 TL geröstetes Kreuzkümmelpulver

1/8 TL Chilipulver

1/4 TL Salz

Tomatenscheiben zum Garnieren

Alle Zutaten in eine große Schüssel geben, gut miteinander vermengen und ca. eine Stunde im Kühlschrank, abgedeckt, durchziehen lassen.
In eine Servierschüssel umfüllen und mit Tomatenscheiben garnieren. Kalt servieren.

Mulli ki Salad

Rettichsalat

Zutaten für 4 Personen

2 – 3 Kopfsalatblätter

2 weiße Rettiche

1/4 TL Chat Masala, Seite 9

1/4 TL Salz

1/4 TL Chilipulver

Saft von einer Limette

1 Limettenscheibe zum Garnieren

1. Kopfsalatblätter waschen und abtropfen lassen.
2. Die Rettiche schälen, halbieren und in 2 – 3 mm dicke Scheiben schneiden. Mit den restlichen Zutaten vermischen. Die Salatblätter auf eine Platte legen, die Rettichscheiben darauf anrichten und gleich servieren.

Variante: Anstelle von Rettichen rote Zwiebeln verwenden!

Gajar Raita

Joghurt mit Karotten

Zutaten für 4 Personen

200 g Karotten
75 ml Wasser
400 ml Joghurt
1/2 grüne Peperoni, sehr fein gehackt
1/2 TL Salz
1/2 TL Kreuzkümmelpulver
1/8 TL schwarzer Pfeffer, gemahlen
1 EL frische Korianderblätter, fein gehackt

1. Karotten schälen, waschen und grob reiben.
2. Die Karotten und Wasser in einen Topf geben und zum Kochen bringen. Die Hitze reduzieren, ca. 5 Minuten dämpfen. Vom Herd nehmen und abkühlen lassen.
3. Die restlichen Zutaten in eine Schüssel geben, gut mit dem Schneebesen verschlagen. Die Karotten untermischen und etwa eine Stunde in den Kühlschrank stellen. Kalt servieren.

Sambhara

Gekochter Salat

Zutaten für 4 Personen

2 EL Pflanzenöl
1/2 TL schwarze Senfkörner
200 g Weißkohl, fein geschnitten
2–3 mittelgroße Karotten, geschält, geviertelt und in 3 cm lange Stücke geschnitten
2 kleine grüne Peperoni, ein paarmal längs eingeschnitten
1/4 TL Kurkumapulver
1/2 TL Salz
1/2 TL Zucker
Saft einer halben Zitrone

In einer Pfanne das Öl erhitzen, die Senfkörner zugeben und anrösten, bis die Körner zu platzen beginnen. Die restlichen Zutaten dazugeben, gut umrühren und bei mittlerer Hitze ca. 4–5 Minuten braten. Bitte aufpassen, daß nichts anbrennt. Warm servieren.

Pudine Chutney

Minz-Chutney

Zutaten für 4 Personen

2 EL frische Minze, gewaschen und gehackt
1 EL Zwiebel, geschält und geschnitten
1/2 TL Kreuzkümmelpulver
1/2 grüne Peperoni
1/8 TL Salz
1 EL Salatöl
300 g Joghurt
Minzeblätter (ganz) zum Garnieren

1. Alle Zutaten, außer Joghurt, in den Mixer geben und fein pürieren.
2. Joghurt in eine Schüssel gießen, die Mischung einrühren und das Chutney ca. eine Stunde in den Kühlschrank stellen. Kalt, mit Minzeblättern dekoriert, servieren.

NACHTISCH

In diesem Kapitel ist nur eine kleine Auswahl aus der großen Welt der indischen Süßigkeiten berücksichtigt. Die „Heimat der Süßigkeiten" ist Westbengalen. Die besten Rezepte stammen aus dieser Region. Indische Süßspeisen bestehen aus Milchprodukten, Früchten, Weizenmehl, Kichererbsenmehl und Nüssen. Daneben gibt es auch Süßigkeiten, die aus geröstetem Mehl hergestellt werden und einfach zu machen sind. Als Süßmittel wird *Goor* (Rohrzucker) oder einfach Zucker verwendet. Der raffinierte Zucker wurde erst in der Mogulperiode eingeführt. Kardamom und Muskat sind die wichtigsten Aromen bei den Süßspeisen.

Von allen indischen Süßspeisen sind die Milch-Süßspeisen die köstlichsten.

BESAN KI BURFI

Konfekt aus geröstetem Kichererbsenmehl

Zutaten für 4 – 6 Personen
350 g Butter
400 g Kichererbsenmehl
5 EL Sesamsamen
250 g Puderzucker
1/2 TL Kardamompulver
1/4 TL Muskatpulver
Sesamsamen zum Garnieren

1. In einer schweren Bratpfanne Butter schmelzen lassen. Kichererbsenmehl mit einem Hölzlöffel einrühren, auf kleiner Hitze 15 – 20 Minuten anrösten, bis das Mehl leicht angebräunt ist. Dabei ständig umrühren und gut aufpassen, daß es nicht anbrennt.

2. Sesamsamen dazugeben, rühren, etwa 5 Minuten anrösten. Die Pfanne vom Herd nehmen, den Puderzucker, Kardamompulver und Muskatpulver zugeben und gut durchrühren. Auf einem Kuchenblech glatt ausstreichen und die Masse abkühlen lassen.

3. Mit einem Messer in kleine Recht- oder Vierecke schneiden und mit Sesam bestreuen.

DHER NA LADDU

Süßigkeit aus geröstetem Weizenmehl

Zutaten für 25 – 30 Bällchen
250 g Butter
100 g Weizengrieß
280 g Weizenmehl
100 g Puderzucker
1/2 TL Kardamompulver
Pistazienkrümel

1. Die Butter in einer Pfanne mit schwerem Boden auf kleiner Hitze schmelzen lassen. Weizengrieß einrühren, die Temperatur steigern und etwa 3 Minuten anrösten. Die Hitze auf niedrige Stufe reduzieren, 10 Minuten rösten, dabei ständig umrühren.
2. Weizenmehl hineinschütten, die Hitze erhöhen, gut durchmischen, etwa 3 Minuten anrösten. Die Hitze reduzieren, ständig umrühren. Ca. 15 – 20 Minuten weiterrösten, bis das Mehl leicht angebräunt ist.
3. Die Pfanne vom Herd nehmen, Puderzucker und Kardamompulver zugeben und alles gründlich vermischen. Abkühlen lassen.
4. Wenn die Masse so weit erkaltet ist, daß man sie anfassen kann, walnußgroße Bällchen formen. In Pistazienkrümeln wälzen.

Tip: Sie können die Masse auch auf einem Kuchenblech ausstreichen und nach dem Abkühlen in kleine rechteckige Stücke schneiden.

CHANDAN PAK

Konfekt aus Grieß-Kichererbsen-Mehl

Zutaten für 4 – 6 Personen
250 g Butter
80 g Weizengrieß
240 g Kichererbsenmehl
100 g Puderzucker
1/2 TL Kardamompulver
1 EL Pistazien, fein gehackt
1 EL Mandeln, fein gehackt

1. In einem schweren Topf Butter schmelzen lassen, Weizengrieß dazugeben, umrühren und auf kleiner Stufe unter gelegentlichem Umrühren 10 Minuten anrösten.
2. Das Kichererbsenmehl zuschütten, gut durchrühren, die Temperatur erhöhen und ca. 2 Minuten rühren, bis die Masse Blasen wirft. Dann die Hitze auf die kleinste Stufe reduzieren und unter gelegentlichem Rühren ca. 20 – 25 Minuten. goldbraun anrösten. (Die Masse ist gut, wenn sie leicht vom Holzlöffel fällt.) Nach und nach Zucker einrühren. Den Topf vom Herd nehmen. Kardamompulver zufügen, umrühren und die Masse auf ein Kuchenblech (ca. 25 × 15 cm) geben. Mit einem Spachtel verteilen.
3. Pistazien und Mandeln daraufstreuen, festdrücken und abkühlen lassen. Mit einem Messer in Quadrate schneiden.

Auf dem Tablett: Chandan Pak, Seite 64, Besan ki Burfi, Seite 63, Dher na Laddu, Seite 64; im Hintergrund: Milchreis-Khir, Seite 66, und Amm ki Lassi, Seite 67. ▶

KHIR

Milchreis

Zutaten für 4 Personen

50 g Basmati-Reis
150 ml Wasser
1/4 TL Safranpulver
1 l Vollmilch
100 g Zucker
1/2 TL Kardamompulver
1/4 TL Muskatpulver
1 TL Pistazien, geschnitten
1 EL gestiftelte Mandeln
1 TL Rosenwasser
ganze Mandeln und Pistazien zum Garnieren

1. Basmati-Reis in ein Sieb geben und unter kaltem fließendem Wasser abspülen. Wasser in einen schweren, tiefen Topf geben und zum Kochen bringen. Reis und Safranpulver dazugeben und auf niedrigster Hitze köcheln, bis das Wasser verdampft ist.

2. Vollmilch eingießen, zum Kochen bringen und die Flamme so einstellen, daß die Milch ständig hochsteigt und schäumt, aber nicht überkocht. Mit einem Holzlöffel regelmäßig umrühren, um die dickflüssige Milch am Boden vor dem Anbrennen zu bewahren; ca. 20 – 30 Minuten köcheln lassen.

3. Die restlichen Zutaten hineinrühren und nochmals 5 Minuten kochen lassen. Den Topf vom Herd nehmen, mit Rosenwasser besprengen und garnieren. Warm oder kalt servieren.

Anmerkung: eine echte Alternative zu dem in Deutschland bekannten Milchreis – ein Alptraum aus Kindertagen.

Getränke — Jalpaan

Mithi Lassi

Süßes Joghurt-Getränk

Zutaten für 4 Personen

450 ml Joghurt

550 ml kaltes Wasser

5 EL Zucker

1 TL Rosenwasser

1/2 TL Kardamompulver

zerstoßenes Eis

Sämtliche Zutaten im Mixer durchquirlen, bis die Oberfläche des Lassi schaumig wird. Gekühlt mit zerstoßenem Eis servieren.
Anstelle von Zucker, Rosenwasser und Kardamom können Sie zur Abwechslung einmal 1/4 TL Salz und 1/2 TL Kreuzkümmelsamen (geröstet und gemahlen) nehmen und ein pikantes Joghurt-Getränk servieren.

Amm ki Lassi

Mango-Joghurt-Getränk

Zutaten für 4 Personen

3 mittelgroße, reife indische Mangos Sorte „Alfonso"

350 ml kaltes Wasser

2 EL Zucker

350 ml Joghurt

2 EL Honig

Mango schälen, in kleine Würfel schneiden und in einem Mixer mit Wasser und Zucker zu einem Püree zerkleinern. Dieses Püree in eine große Schüssel geben, Joghurt und Honig dazugeben und mit einem Schneebesen alles gut verrühren. Gekühlt mit Eiswürfeln servieren.
Dieses Rezept schmeckt auch mit reifen Bananen.

Nimbu ka Pani

Frisches Zitronengetränk

Zutaten für 4 Personen

150 ml Zitronensaft

5 EL Zucker

1/4 TL Salz

1 Msp. schwarzer Pfeffer, gemahlen

1 l Mineralwasser

Eis (nach Belieben)

Alle Zutaten gut durchmischen. Mit einer Zitronenscheibe garnieren, gekühlt servieren.
Die Menge an Zitronensaft und Zucker kann je nach Geschmack variiert werden.

Phal ka Ras

Frischer Fruchtsaft

Zutaten für 4 Personen

Saft einer reifen Ananas

Saft von 3–4 Orangen

1/2 TL geröstetes Kreuzkümmelpulver

2 Msp. Salz

Zucker nach Geschmack

eisgekühltes Mineralwasser

Eiswürfel

Alle Zutaten gut durchmischen, nur soviel Wasser hineingeben, bis die Flüssigkeit die richtige Konsistenz annimmt – nicht zu dick und nicht zu dünn.
Mit frischer Minze garnieren.

Rezeptverzeichnis
Hindi – Deutsch

Rezeptverzeichnis
Deutsch – Hindi

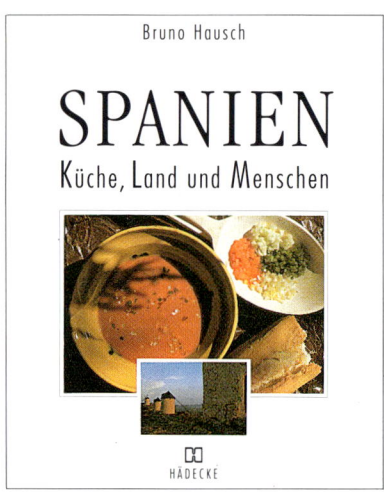

Eine kulinarische Rundreise durch
die zwölf klassischen Regionen
Spaniens mit ihren typischen
Rezepten und Bräuchen mit
großartigen Landschafts- und
Rezeptfotos.
288 Seiten, 220 Farbfotos.

Unverfälschte, naturnahe Gerichte,
Landschafts- und Portraitaufnahmen,
sachkundige Beschreibungen der
kulinarischen Spezialitäten, Tips für
Weingüter und Restaurants und
einfach köstliche Rezepte!
218 Seiten mit rund 100 Farbfotos.

Das schmeckt nach Urlaub und süd-
licher Sonne: Die schönsten Rezepte
mit raffinierter Knoblauchwürze,
vielseitig, gesund und meisterhaft
fotografiert – ein Genuß schon
beim Ansehen!
Ein Bild- und Geschenkkochbuch.
134 Seiten, rund 70 Fotos.

Mehr als nur eine Mode: die asiatisch
inspirierte Küche, leicht, subtil und
raffiniert, von vier Top-Köchen aus
Deutschland und der Schweiz zur
höchsten Vollendung gebracht und
mit etwas Übung gut zuhause nach-
zukochen.
151 Seiten, über 50 Fotos.

Hädecke-Bücher sind überall im Fachhandel erhältlich.
Nähere Informationen und ausführliche Prospekte erhalten Sie vom

 **HÄDECKE VERLAG · 71256 WEIL DER STADT**